ROBERT MAILLARD

DE

L'INFLUENCE FRANÇAISE EN CHINE

AUX POINTS DE VUE HISTORIQUE ET ÉCONOMIQUE

ÉCOLE LIBRE DES SCIENCES POLITIQUES

1899-1900

PARIS
IMPRIMERIE ET LIBRAIRIE CENTRALES DES CHEMINS DE FER
IMPRIMERIE CHAIX
SOCIÉTÉ ANONYME AU CAPITAL DE TROIS MILLIONS
Rue Bergère, 20
1900

DE

L'INFLUENCE FRANÇAISE EN CHINE

AUX POINTS DE VUE HISTORIQUE ET ÉCONOMIQUE

ROBERT MAILLARD

DE L'INFLUENCE FRANÇAISE EN CHINE

AUX POINTS DE VUE HISTORIQUE ET ÉCONOMIQUE

ÉCOLE LIBRE DES SCIENCES POLITIQUES

1899-1900

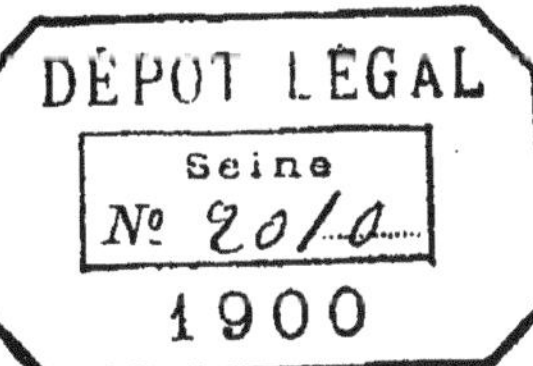

PARIS
IMPRIMERIE ET LIBRAIRIE CENTRALES DES CHEMINS DE FER
IMPRIMERIE CHAIX
SOCIÉTÉ ANONYME AU CAPITAL DE TROIS MILLIONS
Rue Bergère, 20
1900

DE L'INFLUENCE FRANÇAISE EN CHINE

AUX POINTS DE VUE HISTORIQUE ET ÉCONOMIQUE

CHAPITRE PREMIER

CONSIDÉRATIONS GÉNÉRALES SUR LA CHINE

SECTION I

Géographie de la Chine.

L'empire chinois est divisé en deux parties bien distinctes :

La Chine proprement dite;

Les pays frontières annexés à l'empire.

§ 1er

CHINE PROPREMENT DITE

La Chine proprement dite est composée de 18 provinces peuplées de 400 millions d'habitants environ et bordées au nord par les immenses plaines de la Mandchourie et de la Mongolie, à l'ouest par le plateau thibétain, au sud par la Birmanie anglaise et le Tonkin français, à l'est par l'Océan.

La ville de Péking, capitale de l'empire, est située dans une des provinces du nord, le Pé-tchi-li; comme toutes les villes chinoises, Péking a été bâtie sur un modèle réglé par des lois; elle contient trois quartiers ou plutôt trois villes distinctes : la ville chinoise, la ville tartare, la ville impériale. C'est dans cette dernière partie de Péking que se trouve le palais de l'empereur.

Si l'on jette un coup d'œil sur la carte de Chine, on voit les dix-huit provinces s'échelonner ainsi :

Le **Tche-Ly**, où se trouve Péking (1). Cette province, d'une superficie d'environ 300.000 kilomètres carrés, est peuplée de 37 millions d'habitants. La ville de Péking, seule, compte un million d'âmes. L'artère fluviale importante de cette province est le Peï-Ho. C'est aussi dans le Tche-Ly que se trouve le port de Tien-Tsin, qui est un centre commercial considérable. Peu à peu, la Russie, qui a fait de la Mandchourie située au nord du Tche-Ly une contrée entièrement soumise à son influence, prendra pied dans cette province, grâce à la situation exceptionnelle de Port-Arthur et de Talien-Wan que lui a cédés à bail le gouvernement chinois et grâce au chemin de fer transsibérien qui, par ses ramifications, mettra bientôt le commerce de la province entre ses mains. C'est aussi dans le Tche-Ly que l'on voit les ruines du grand observatoire créé par les missionnaires européens.

Le **Chan-Tong**, qui est situé au sud de la province du Tche-Ly, est aussi une province maritime; elle est arrosée par le grand fleuve Hoang-Ho. D'une superficie d'environ 170.000 kilomètres carrés, cette province compte 30 mil-

---

(1) Actuellement, Péking est la capitale de l'empire du Milieu; mais elle ne l'a pas toujours été. Plusieurs autres grandes villes, parmi lesquelles la plus connue est Kiang-Ning (Nanking), ont vu l'empereur de Chine résider dans leurs murs.

lions d'habitants. Les côtes, parsemées de petites îles, offrent aux navires des mouillages sûrs et commodes. Le canal impérial, qui va de Péking à Hang-Tcheou, traverse le Chan-Tong et favorise puissamment son commerce. On trouve dans cette province les villes de Tsieou-Hien, qui est la patrie du grand philosophe chinois Kong-fou-tse (Confucius), de Kiao-Tcheou, qui a été cédée à bail à l'Allemagne et de Weï-haï-Weï, cédée à l'Angleterre. Cette province est très importante par sa configuration même; en effet, Kiao-Tcheou et Weï-haï-Weï sont situées dans une presqu'île qui s'avance dans la mer Jaune en face de Leao-Tong où domine la Russie; ces deux presqu'îles ferment presque entièrement la mer Jaune et dominent la route de Tien-Tsin et de Péking. On trouve dans la région montagneuse de la province du Chan-Tong des richesses minières considérables, de la houille, du fer, de l'or.

Le **Chan-Si** est une province située à l'ouest du Tche-Ly; c'est une des plus petites de l'empire. Renommée pour les tapis qui se fabriquent à Tang-Yuen-Fou et pour les raisins que l'on y trouve, cette province est riche aussi en mines de houille. Une des particularités du Chan-Si consiste dans l'existence d'un lac salé d'où l'on tire du sel en abondance.

Le **Chen-Si** qui est situé à l'ouest de la province du Chan-Si est une contrée moins peuplée que les précédentes; elle ne compte que 10 millions d'âmes environ; mais c'est une province très fertile, très commerçante et très riche qui fut, paraît-il, la première habitée par les Chinois. On y trouve des plantes médicinales en grande quantité. C'est aussi dans le Chen-Si que l'on voit un vieux monument que l'on prétend être le tombeau d'un personnage légendaire, Fou-Hi.

Le **Kan-Sou** est situé entre le Chen-Si, le désert de Gobi et les environs du lac Koukou-Nor. C'est une contrée assez fertile et surtout renommée pour l'élevage des bestiaux et particulièrement des chevaux et des mulets; cette province fait un commerce très actif avec le Thibet et la Mongolie.

Le **Ho-Nan** est à l'ouest du Chen-Si. Cette province est si pittoresque et si variée dans ses productions que les Chinois lui ont donné le nom de Jardin de l'Empire. C'est une contrée fertile où l'on trouve des métaux, des pierres précieuses et où la production de la soie est importante.

Le **Kiang-Sou**, qui est une partie de l'ancienne province de Kiang-Nan, est une province très peuplée (37 millions d'habitants) où se trouve la seconde capitale de l'empire, Kiang-Ning, autrement dit Nanking. Le sol en est un des plus fertiles et des plus productifs de la Chine. Quoique Nanking soit une ville beaucoup déchue de son ancienne splendeur, elle compte encore une population très importante. Il y a aussi dans cette province une ville considérée comme le paradis de la Chine, et qui a toujours été la législatrice du goût et des arts : c'est Sou-Tcheou-Fou. Enfin la province de Kiang-Sou possède le premier port de Chine, Chang-Haï. Chang-Haï, qui est peuplé de 400.000 âmes environ, voit tous les ans son commerce s'augmenter; en 1896, le mouvement commercial de ce port atteignait 750 millions de francs; l'Angleterre, la France et les États-Unis ont obtenu, près de Chang-Haï, des concessions de terrains importantes pour leurs nationaux qui y résident et c'est là que se trouve la colonie étrangère la plus nombreuse. Toutes les lignes de bateaux à vapeur aboutissent dans ce port, et c'est de Chang-Haï que se font presque toutes les réexpéditions pour les autres localités de l'intérieur de la Chine. C'est dans la baie triangulaire formée par les villes de Chang-Haï, Hang-Tcheou et Ning-Po que se trouve l'archipel des îles Chou-San, qui fut pris et repris plusieurs fois par les Anglais au moment des guerres de 1840 et de 1860.

Le **Ngan-Hoeï**, arrosé au nord par le Hoang-Ho, au sud par le Yang-Tse, est une partie de l'ancienne province de Kiang-Nan qui a été divisée et qui a formé le Ngan-Hoeï et le Kiang-Sou dont on vient de parler. Le chef-lieu du Ngan-Hoeï est Ngan-King. C'est une province très riche en bestiaux et en mines d'or, d'argent et de cuivre; il y existe aussi beaucoup de plantations de mûriers.

Le **Hou-Pe** est à l'ouest du Ngan-Hoeï. C'est une province très peuplée; elle compte environ 30 millions d'âmes. Les villes principales en sont : Han-Keou, qui forme avec Wou-Tchang et Han-Yang, ses voisines, l'agglomération la plus considérable du centre de la Chine (1.500.000 habitants). Le sol, très fertile, produit des céréales, du riz en abondance, du thé et du coton. On y trouve des mines riches en fer, en étain et en mercure. Le mouvement commercial de cette province, qui est déjà très important, augmentera encore beaucoup lorsque seront construits les chemins de fer belges et anglais qui doivent réunir Chang-Haï, Nanking, Han-Keou et Péking.

Le **Hou-Nan**, qui formait auparavant avec le Hou-Pe la

province de Hou-Kouang, est moins important que le Hou-Pe. Cette province compte cependant encore 20 millions d'habitants et renferme de très riches gisements de houille ; son sol est fertile et produit des céréales et du riz en abondance. La ville principale est Kaï-Fong.

Le **Sse-Tchouen**, qui est peuplé de 45 millions d'âmes, est une des plus belles provinces de la Chine, quoiqu'elle soit un peu isolée par de hautes montagnes et que les communications y soient difficiles. La richesse et la fertilité du Sse-Tchouen sont merveilleuses ; c'est dans cette province que peuvent s'acclimater tous les fruits de l'Europe. Les mines d'or, d'argent, de cuivre et de houille y sont très étendues ; malheureusement, elles ne peuvent être exploitées pour le moment à cause du manque de routes et de voies praticables. La ville principale, Tchoung-King, fait un commerce très important de soies, de tabacs, d'huiles, etc. Le Sse-Tchouen est aussi très renommé pour les chevaux, que l'on y élève en grande quantité.

Le **Tche-Kiang** est une province maritime située au sud de Ngan-Hoeï ; on y élève une quantité prodigieuse de vers à soie. Les villes les plus importantes sont Hang-Tcheou et Ning-Po qui font beaucoup de commerce malgré le voisinage de Chang-Haï ; c'est à Hang-Tcheou qu'aboutit le Canal Impérial. — Ning-Po et Chang-Haï sont deux des ports ouverts en 1842 au commerce européen par les traités qu'exigea l'Angleterre.

Le **Fo-Kien** est aussi une province maritime du sud de la Chine ; elle compte 23 millions d'habitants et fait avec le Japon, les Philippines et le Tonkin un important commerce. C'est là que se trouvent deux ports très importants aussi ouverts au commerce européen en 1842, Fou-Tcheou et Amoy. — Fou-Tcheou, qui est peuplé de 600.000 habitants, est un grand marché d'exportation de thés et possède un arsenal construit par des ingénieurs français, qui fut détruit par l'amiral Courbet et que l'on reconstruit en ce moment avec, de nouveau, l'aide d'ingénieurs français. — Amoy, quoique moins important, est cependant aussi un port très commerçant. — En face de la province de Fo-Kien, se trouve l'île de Formose qui appartenait à la Chine avant 1894, mais qui fut cédée au Japon à cette époque par le traité de Simonosaki, qui mit fin à la guerre sino-japonaise.

Le **Kiang-Si**, qui est situé à l'ouest du Fo-Kien, est une province très montagneuse, très riche en kaolin avec lequel les habitants font des porcelaines très estimées; c'est surtout la ville de King-té-chin qui est le centre de cette fabrication. Le Kiang-Si possède aussi des mines d'or, d'argent, de plomb et de fer.

Le **Kouei-Tcheou** est la province la plus petite de la Chine; elle est située à l'ouest du Hou-Nan et au sud du Sse-Tchouen; peu cultivée, cette province ne produit pas beaucoup, mais l'élève du bétail y est plus florissante; les chevaux du Kouei-Tcheou passent pour les meilleurs de la Chine. Elle renferme des mines d'or, d'argent, de cuivre, et de mercure.

Le **Yun-Nan** est une des plus fertiles provinces de la Chine; la population est composée en majorité de Chinois musulmans qui se distinguent de la race ordinaire par leur sobriété, leur dégoût de l'opium et la fierté de leur caractère; ce sont eux qui, en 1856, s'insurgèrent contre le gouvernement mandchou; ils luttèrent avec succès contre les armées impériales jusqu'en 1873; mais, à cette époque, manquant de plan et de cohésion, ils furent forcés de se soumettre après une terrible répression. — Le Yunnan possède un sol très fertile et des mines très riches en or, en pierres précieuses, en argent, etc. Malgré l'aptitude de la population aux affaires, le commerce n'est pas très considérable; mais c'est une province d'avenir destinée, si le gouvernement français s'en occupe, à tomber sous l'influence directe de notre colonie d'Indo-Chine. Nous avons de ce côté une rivale très forte, l'Angleterre, qui cherche à pénétrer dans cette province par la Birmanie, grâce au chemin de fer que les Anglais veulent construire de Rangoon à Yunnan-Fou. Les villes principales de cette province sont Yunnan-Fou, Tali-Fou et Meng-Tse.

Le **Kouang-Si** est une province moins intéressante que la précédente; située à l'est du Yun-Nan et au sud du Hou-Nan, elle est pauvre et peu peuplée; sa principale production est le riz; quelques mines y produisent de l'or, de l'argent, du cuivre; la culture du mûrier pourrait y être développée, mais c'est surtout une région de transit. L'influence française y est prépondérante et une concession a été accordée à une Compagnie française pour un chemin de fer qui relierait Hanoï et Canton en passant par Long-Tcheou, Nanning et Wou-Tcheou.

Le **Kouang-Tong** est une province maritime très peuplée. C'est là que l'on trouve le premier port chinois où se soient établis des commerçants français : Canton. Cette province possède une grande artère fluviale, le Si-Kiang. — Dans cette province se trouve aussi un bon port très rapproché de notre colonie du Tonkin, celui de Pa-Khoï; un chemin de fer concédé à une Compagnie française reliera bientôt Pa-Khoï et Nanning où passe la grande ligne Hanoï-Canton. C'est dans le Kouang-Tong que se trouvent Macao, qui fut cédé par la Chine au Portugal, et Hong-Kong, qui est la métropole commerciale du sud de la Chine et qui appartient à l'Angleterre depuis 1842; c'est enfin dans cette province que la France a obtenu, non sans peine, la cession à bail, pour quatre-vingt-dix-neuf ans, de la baie de Kouang-Tcheou-Wan, située au nord de l'île de Haï-Nan.

§ 2.

PAYS FRONTIÈRES ANNEXÉS A L'EMPIRE

Telles sont les dix-huit provinces qui forment la Chine proprement dite. Mais à cette contrée se rattachent plusieurs autres pays dépendant du gouvernement chinois, ce sont :

la Mandchourie,
la Mongolie,
le Thibet.

Mandchourie.

C'est en 1644 que la dynastie d'origine mandchoue qui règne actuellement en Chine est montée sur le trône impérial. Dès que les Mandchous eurent assuré leur conquête, ils se sont mis à administrer le pays; ils n'ont fait aucun bouleversement dans l'ancienne administration et Mandchous et Chinois ont gardé chacun leurs mœurs. Lorsque la nation mandchoue a envahi la Chine, elle a vidé complètement la Mandchourie, puisqu'elle avait émigré avec vieillards, femmes et enfants ; la Mandchourie, pays très fertile, est donc devenue déserte. Après la conquête, les vainqueurs demeurant tous en Chine, il n'y eut que quelques familles pour retourner dans le pays natal et les Chinois alors se sont glissés peu à peu dans la Mandchourie, les premiers immigrants ayant été attirés par la plaine fertile du Leao-Tong ; les Mandchous avaient ainsi la retraite absolument coupée et durent admettre cette colonisation des Chinois qui, du reste, y avaient acquis de véritables droits ; dans ces conditions, l'influence chinoise s'est fait sentir de plus en plus sur la Mandchourie. Cependant beaucoup de descendants des Mandchous se sont empressés de profiter de la loi qui abolit le service obligatoire et sont retournés à la charrue. Un signe manifeste de l'absorbtion des conquérants par les conquis est la disparition presque complète de la langue mandchoue. Le gouvernement chinois s'émut, en 1860, des appétits du colosse russe et décida de faire de la Mandchourie un pays de frontière compact et profond. Il la divisa alors en trois départements : Moukden, Kirin et Tcitcicar, qu'il voulut faire administrer comme ceux de la Chine proprement dite. Malgré cela, la Russie a pu imposer son influence dans toute cette contrée, et on peu dire que, maintenant la Mandchourie est un pays dépendant plus de la Russie que de la Chine.

La Mandchourie, dont la superficie atteint presque un million de kilomètres carrés, est relativement peu peuplée puisque la densité de la population n'y atteint que huit habitants par kilomètre carré.

L'aspect de cette contrée rappelle beaucoup celui de l'Europe ; elle est parsemée de prairies, de vignes, de forêts. La chasse et la pêche y sont très répandues et le gibier y abonde. Le climat y est tempéré et l'on y trouve toutes les céréales et toute la végétation des pays occidentaux (1).

Les principales productions du pays sont le froment, l'orge, le sarrasin, le tabac, l'opium et une plante médicinale très appréciée des Chinois, le ginseng.

Lorsque l'on alla dans la Mandchourie pour rechercher si elle était riche en matières minérales, on fut très étonné de voir que loin d'être à ce point de vue un pays vierge, elle conservait au contraire de nombreuses traces d'exploitation aurifère. On y trouve encore maintenant de l'or, de la houille, du cuivre, du fer, du salpêtre et du sel.

Mongolie.

Le territoire des Mongols est un pays tout particulier, ne pouvant être gouverné par départements, puisqu'on n'y voit ni villes, ni villages, ni maisons. Il est rempli d'immenses plaines peuplées par des hordes nomades qui habitent sous des tentes, font paître leurs troupeaux dans ces prairies, puis s'en vont d'un autre côté quand celui où elles sont a été exploité. Les habitants de ce territoire absolument dénué de culture reconnaissent l'autorité de l'empereur de Chine ; ils appartiennent à plusieurs peuplades telles que Mongols proprement dits, Kalkas, Ortous, Tartares de Ko-Ko-Nor et Eleuthes.

C'est dans le pays des Mongols proprements dits que se

(1) La Pérouse nous dit dans la relation de son voyage dans ce pays : « Sur la côte orientale, nous rencontrâmes à chaque pas des roses, des lis, des muguets ; nous recueillîmes en grande abondance des oignons, du céleri, de l'oseille et d'autres plantes pareilles à celles de nos prairies ; les pins couronnaient le sommet des montagnes, les chênes commençaient à mi-côte ; les bords des ruisseaux étaient plantés de saules, de bouleaux, d'érables ; et sur la lisière des grands bois, on voyait des pommiers, des azeroliers en fleurs, avec des massifs de noisetiers. »

trouve la ville de de Gé-Hol, où se font les grandes chasses d'été de l'empereur; là aussi se trouvent les grands domaines privés de la famille impériale, qui fait valoir ses terres par des fermiers.

Sur le territoire des Kalkas, on trouve Kouran qui servit de capitale à l'empire de Gengis-Khan ; on y voit aussi les ruines de Para-Hotoun.

Le sud est tout entier formé du grand désert de Cobi, où tant de gens ont péri faute d'eau et de combustible.

A l'ouest des Mongols proprement dits se trouve le pays des Ortous et des Tartares de Koko-Nor qui sont groupés autour du grand lac qui porte ce nom.

Les Eleuthes, qui sont de race Kalmoucke, n'ont été soumis que très tard et leurs centres principaux sont Kaschgar, Yarkand et Aksou; quoique soumise au gouvernement chinois, cette population a gardé une indépendance relative.

Le climat de la Mongolie est très froid, beaucoup plus froid même que celui de la Sibérie méridionale, à cause de l'élévation du terrain au-dessus du niveau de la mer et de l'abri imparfait que procurent à la Mongolie les chaînes peu élevées qui forment sa frontière septentrionale. La chaleur presque insupportable qui règne en été à cause du manque d'arbres et de la surface toute sablonneuse de la contrée n'empêchent pas la neige et la glace d'y séjourner toute l'année. Cependant, malgré ces intempéries, le bétail trouve à y vivre en toute saison, car l'herbe pousse malgré la neige et perce au travers, ce qui tend à prouver que la couche de neige n'est pas, à beaucoup près, aussi épaisse que celle qui existe sur les hauts sommets de nos montagnes d'Europe.

La principale richesse des Mongols consiste dans leurs importants troupeaux de chameaux, de chevaux et de moutons. La chasse et la pêche sont pratiquées beaucoup par les peuplades nomades mongoles, car les animaux sauvages y abondent, ainsi que le poisson dans les grands lacs.

En fait de richesses minérales, on n'y trouve que des pierres d'agate, de jade, d'onyx et encore ne sont-ce pas les habitants qui s'occupent de les recueillir, ce sont les Chinois.

Thibet.

De tous les pays chinois, le Thibet, à coup sûr, est celui qui a le mieux réussi à repousser toute influence extérieure : beaucoup d'explorateurs européens ont payé de leur vie leur curiosité. Le climat y est très rude; les villes sont toutes souterraines et sur le plateau du Thibet la raréfaction de l'air rend très pénible tout effort ; comme dans le désert de Gobi, le combustible y manque absolument.

Les Thibétains sont les plus zélés des bouddistes. La population thibétaine, qui ne dépasse pas cinq à six millions d'âmes est dispersée dans quatre provinces dont la capitale L'Hassa (Siège de Dieu) est la résidence du souverain, le dalaï-lama. Dans L'Hassa, il y a environ vingt mille prêtres ou lamas; on peut dire de cette ville qu'elle est la Rome du bouddisme septentrional. Le reste du Thibet est composé de gros bourgs d'autant plus importants qu'ils abritent plus de monastères.

La culture est nulle ou à peu près ; mais les pâturages sont très riches et nourrissent une race de moutons très estimés; la plupart des hauts plateaux donnent encore une graminée rare et claire, mais à partir de 4.000 mètres d'altitude, on ne trouve absolument plus rien.

Le gouvernement est absolument théocratique; le dalaï-lama est en même temps le roi et le pape du pays et son autorité n'a pas de limites ; il a le droit de vie et de mort sur ses sujets et il peut, quand il veut et comme il veut, dépouiller l'un d'eux de tous ses biens; quand le dalaï-lama meurt, il est remplacé par un homme choisi et soi-disant né exprès pour cela ; cette situation a beaucoup frappé les politiques chinois qui ont imposé au gouvernement thibétain un vice-roi chinois qui est en même temps grand prêtre et qui possède la direction temporelle du pays. La Chine, par ce procédé, à toujours réussi à influencer le conclave chargé d'élire un nouveau dalaï-lama.

L'Hassa est tenue d'envoyer chaque année un tribut à la cour de l'empereur de Chine.

Le Thibet est séparé de l'Hindoustan par l'immense chaîne de l'Himalaya; il possède des lacs nombreux dont les principaux sont ceux de Tengri-Nor et Buka-Nor (1).

Quoique la culture y soit peu pratiquée, la vigne y prospère beaucoup et les fruits abondent dans les vallées.

L'éducation du bétail, et surtout des moutons, y est très prospère; c'est ce qui explique que la nourriture habituelle des Thibétains consiste en viande, en lait, en fromages et en beurre.

Le Thibet, qui est pauvre en mines de fer et de houille, recèle au contraire de grandes richesses en or, en argent, en cuivre, en plomb. On y trouve aussi de très beaux marbres, des pierres précieuses d'une grande valeur. Le sel y est abondant et l'une des productions particulières de ce pays consiste dans le tinkal, sorte de sel que l'on extrait des lacs et dont on fait le borax.

Parmi les hardis voyageurs qui ont réussi à pénétrer

---

(1) Dans les mots Koko-Nor, Tengri-Nor, etc , la particule Nor signifie lac.

assez avant dans le Thibet, il faut citer le père Hue, missionnaire catholique qui a réussi à séjourner à L'Hassa, le colonel russe Prjewaslky, MM. Bonvalot et Henri d'Orléans, et enfin notre pauvre compatriote Dutreuil de Rhins, qui est mort à la tâche en essayant de percer le voile mystérieux qui s'étend autour de ce pays encore ignoré.

SECTION II

Gouvernement actuel de la Chine.

Depuis les temps les plus reculés, on dit en Chine que l'État, qui englobe toutes les familles, doit être gouverné comme une famille particulière.

Le gouvernement chinois est donc basé sur la forme patriarcale : le souverain est réputé à lui seul pour être le père et la mère de tous ses sujets; c'est d'ailleurs à ce titre qu'il jouit d'un pouvoir illimité; la toute puissance réside en lui et en lui seul. Il n'y a pas de souverain au monde qui s'exprime avec autant de simplicité dans ses décrets, et il dispose seul de toutes les charges de l'empire.

Pour l'accession au trône, il y a des règles établies comme pour la succession dans la famille; dans les temps anciens, l'ordre de succession au trône n'existait pas, l'empereur désignait lui-même son successeur et souvent ce dernier n'était même pas de sa famille; maintenant le père transmet l'héritage au fils aîné de la droite lignée, mais il peut à son gré modifier l'hérédité.

Dans la famille impériale, il y a des princes qui jouissent de revenus assignés par le souverain, mais ils n'ont aucune autorité sur le gouvernement.

Au-dessous de ces princes, nous rencontrons les fonctionnaires ou mandarins qui sont ou civils ou militaires. On les choisit parmi les lettrés qui sont divisés eux-mêmes en trois grandes classes, les Sieou-Tsai, les Kiu-Jin, les

Tsin-Sse, qui correspondent très bien à nos bacheliers, à nos licenciés et à nos docteurs.

Il y a huit classes de mandarins civils divisées chacune en deux degrés; la première classe est la plus élevée, et à chaque classe correspondent certaines fonctions; on reconnaît la classe à laquelle appartient un mandarin au dessin qui orne la poitrine de sa robe de cérémonie, au bouton qui est vissé au haut de son chapeau et à la boucle qui ferme sa ceinture. Les avantages de toutes sortes ne sont pas ménagés à ces lettrés que le peuple vénère; cependant il faut avouer que les mandarins militaires ne sont pas aussi honorés que les mandarins civils.

En juin 1898, le jeune empereur Kouang-Sou, imbu des idées de réforme et voulant à tout prix faire pénétrer en Chine la civilisation européenne, voulut imposer à tort et à travers des réformes européennes et ne réussit qu'à occasionner un coup d'État de la part de la reine régente, qui maintenant séquestre le jeune empereur. C'est ainsi que Kouang-Sou fit connaître en 1898, par un décret impérial, que, dans les examens, les lettrés seraient interrogés sur les matières déjà enseignées et aussi sur celles enseignées dans les universités européennes; mais il n'avait pas pensé que ces dernières matières n'avaient jamais été enseignées en Chine et bientôt le décret devint lettre morte.

A la tête de l'administration impériale se trouve le Grand Conseil qui ne s'assemble que dans les cas extraordinaires.

Viennent ensuite les six cours souveraines (*Pou*):

1° Le *Ly-Pou*, ou ministère des fonctionnaires civils. C'est ce ministère qui choisit les fonctionnaires, qui les surveille, qui scelle les actes du pouvoir; c'est lui aussi qui est chargé de la police. Il ressemble beaucoup à notre Ministère de l'Intérieur;

2° Le *Hou-Pou*, ou surintendance des finances de l'Etat. C'est le Hou-Pou qui règle et paie les appointements et les pensions, qui administre le trésor impérial et qui est chargé de la fonte des monnaies;

3° Le *Li-Pou*, ou Cour des Rites. Ce ministère a la direction des grâces et des distinctions accordées par l'empereur. Il sert aussi de protocole et de Ministère des Affaires étrangères;

4° Le *Ping-Pou*, qui a de grandes analogies avec notre Ministère de la Guerre. Les troupes de terre et de mer, les arsenaux et fabriques d'armes à partir du jour de la mobilisation, les navires de guerre et les forts après leur construction relèvent de ce ministère;

5° Le *Hing-Pou*, ou Ministère des Supplices, n'est pas, comme on pourrait le croire une variation de notre Ministère de la Justice. En effet, il est seulement chargé d'assurer l'exécution des jugements;

6° Le *Kong-Pou*, ou Ministère des Travaux publics, est extrêmement important; il s'occupe des ateliers de l'État, des ponts et chaussées et de la construction des navires de guerre.

Ces ministères fonctionnent tout particulièrement. Le gouvernement chinois, très méfiant, n'a pas voulu d'un seul ministre responsable et seul responsable; il y a à la tête de chaque ministère un Conseil composé de : un président, un assesseur de gauche, un assesseur de droite et les décisions ne sont prises qu'après débat. De plus, l'empereur a installé auprès des ministres des mandarins dont la fonction est toute particulière : ils doivent assister aux délibérations, et, sans discuter ce que font les cours souveraines, ils en informent l'empereur. Par là, ils possèdent une action toute morale sur tous les autres corps de l'État et jusque sur les marches mêmes du trône. Les ministres, les princes, l'empereur lui-même, tout le monde doit subir, quand il y a lieu, la sévérité des remontrances du tribunal des censeurs. Les censeurs exercent leur inspection non seulement dans les ministères, mais aussi dans toutes les provinces de l'empire où ils vont faire des voyages. Leur rôle est de s'interposer, en cas de conflit, entre l'empereur et les mandarins, entre les mandarins et les administrés, entre plusieurs familles, et même entre le père et son fils. Les censeurs ont de plus une prérogative très importante, mais aussi très dangereuse pour eux, c'est le droit de faire des remontrances à l'empereur. Il ne faut pas croire cependant que ces hautes attributions leur donnent le droit de manquer de respect à l'empereur, ou de révéler à qui que ce soit les représentations qu'il a osé adresser au souverain; une pareille faute entraînerait la peine de mort.

Une autre académie très importante aussi est celle des historiographes *(Han-Lin)* composée d'écrivains qui enregistrent au jour le jour tous les faits qui intéressent l'histoire de l'empire; chaque membre de ce tribunal met tous les jours la feuille qu'il a écrite dans une boîte scellée qui n'est ouverte qu'après la chute de la famille régnante; ainsi l'empereur est retenu de faire des actes répréhensibles par la perspective de cette divulgation de ses moindres actes.

Il faut encore noter le tribunal des Princes devant lequel comparaissent les princes de la famille impériale; c'est aussi ce tribunal qui tient le livre de famille et le registre des titres et dignités.

A la tête de chaque province il y a un gouverneur ou vice-roi *(Tsong-Tou)* qui est investi d'un pouvoir illimité; il réunit l'autorité suprême pour toutes les fonctions publiques et il a sous ses ordres des fonctionnaires particuliers pour chaque partie; le vice-roi, comme le censeur, a droit de remontrance envers l'empereur.

Chaque province se divise en plusieurs départements *(Fou)*, chaque département en arrondissements *(Tcheou)*, chaque arrondissement en districts *(Hien)*, chaque district en communes qui, suivant leur importance, s'appellent *Pao* ou *Tou*.

Tous les pouvoirs locaux sont entre les mains du mandarin, et chez les Chinois la confusion des pouvoirs est absolue; chaque petit mandarin est pour ainsi dire l'empereur de son district, mais il est toujours menacé de destitution.

Le pouvoir judiciaire des mandarins est illimité.

Le peuple chinois jouit d'une très grande liberté; il peut manifester en toute liberté en faveur ou en défaveur des mandarins; tout Chinois a le droit d'affiche, le droit de choisir sa profession sans avoir besoin de patente ni d'autorisation; il en est de même du droit de circulation dans tout l'empire sans qu'il soit besoin d'aucun passeport; les Chinois possèdent aussi pleinement le droit d'association, excepté pour des Sociétés secrètes organisées en vue de renverser la dynastie mandchoue; ils ont aussi le droit d'écrire et de faire imprimer tout ce qu'ils désirent, sans avoir besoin d'aucune autorisation et la liberté de la presse est absolue; il résulte de là qu'il y a en Chine une liberté inconnue en Europe, c'est celle des lectures et des discours publics en pleine rue.

Telles sont les principales libertés et franchises du peuple chinois.

Dans les villes, les corps de métier ont chacun leur quartier, et chaque quartier ferme ses portes à la fin de la journée. Dans chacun d'eux, les groupes familiaux nomment une sorte de conseil municipal comme dans les communes rurales; le fonctionnaire qui correspond à notre maire est en même temps juge de paix, agent voyer, maître des cérémonies, etc. Les fonctions municipales sont gratuites et électives et le gouvernement impérial n'a à intervenir que pour confirmer l'élu dans sa charge. C'est au-dessous de tous ces fonctionnaires que s'agite la nation chinoise.

SECTION III

Religions de la Chine.

Dans l'étude des questions religieuses, c'est-à-dire philosophiques, de la Chine, il ne faut pas se laisser influencer par les superstitions qui se sont introduites dans la philosophie et qui n'ont rien de commun avec elle. Pour étudier cette religion, il faut approfondir les livres sacrés de la Chine, qui sont au nombre de cinq; ils sont vénérés, car ils sont les dépositaires de l'histoire des temps primitifs et comme tels ils ont une autorité incontestée pour les Chinois.

Le Y-Kin est un livre de commentaires sur les Pa-Koua. Les Pa-Koua sont une écriture inventée par un philosophe du nom de Fou-Hi. Le Y-Kin est l'œuvre de Ouen-Ouan et de Kong-fou-tse (Confucius).

Le Chou-Kin est un livre où l'on trouve rassemblés des produits historiques : c'est Confucius qui en est l'auteur; malheureusement cette grande histoire a été brûlée plus tard par l'ordre de l'empereur Tsin-Chi-Hoang-Ti, et maintenant il n'en reste plus que les cinquante-huit premiers chapitres.

Le Chi-Kin est un recueil de poésies anciennes fait par Confucius ; il renferme de précieuses indications touchant les mœurs de l'antiquité.

Le Li-Kin est un mémorial des rites ; c'est une compilation des dires de Confucius, due à un de ses disciples.

Le Tchoun-Tsieou contient une grande partie des annales

du royaume de Lou, pays où est né Confucius qui, du reste, en est l'auteur. On y voit de merveilleuses données d'astronomie.

On peut se faire une idée assez nette de la religion chinoise par ces Kin, qui rappellent partout l'idée d'un être suprême. D'après les philosophes chinois ce créateur est le père de tout ce qui vit, mais il est pur, impartial et juste; on n'a pas commis en Chine le sacrilège de lui donner la forme humaine; il est inconnu, incompréhensible, impalpable.

Les idées primitives des Chinois se sont conservées intactes chez les hommes intelligents, et il existe un tribunal des rites qui est un véritable ministère.

Le nom de Kong-fou-tse, dont les Européens ont fait Confucius, est si intimement lié à toute l'histoire et à toute la religion de la Chine qu'on ne peut se dispenser d'en parler; il a en effet exercé sur 400 millions d'âmes une influence qu'on n'avait jamais vue avant lui.

Né en 551 avant Jésus-Christ à King-fou-hien dans le Chan-Tong, Confucius entra de bonne heure dans la vie publique; après une longue période de deuil pendant laquelle il s'adonna à l'étude, il entreprit de réveiller dans le peuple chinois les anciennes vertus sociales et politiques; il parcourut tous les États chinois, mais ses discours ne changèrent rien au désordre qui y régnait. Il rencontra dans un de ses voyages le vieux philosophe Lao-Tse, mais il ne put s'entendre avec lui, car Lao-Tse avait pour principe de ne pas divulguer la science, trouvant le peuple trop inintelligent pour la comprendre. Au contraire, Confucius pensait qu'il fallait répandre la science. Il mourut très vieux, et ce ne fut qu'après sa mort qu'on commença à l'honorer; on lui éleva des statues.

La famille de Confucius a été anoblie il y a dix-huit

siècles et aujourd'hui encore l'aîné de chaque génération porte le titre de Kong, c'est-à-dire prince.

Confucius n'a pas été le législateur de la Chine; d'ailleurs il n'a jamais été revêtu de l'autorité nécessaire pour édicter des lois; au point de vue religieux il n'a non plus rien innové; il n'a fait que développer les principes fondamentaux de l'antique sagesse et d'en recommander la pratique. A cela il a joint des vertus principales qu'un homme de bien doit posséder : les sentiments d'humanité, l'esprit de justice, la fidélité en tout aux anciennes coutumes, la droiture d'esprit et de cœur et la bonté en toutes choses.

En Chine il passe encore pour le meilleur des écrivains et c'est très injustement qu'il a été accusé d'athéisme.

Tels sont les principes de la religion officielle en Chine, le confucianisme.

Mais à côté du confucianisme, il existe en Chine plusieurs religions secondaires que l'empereur peut opprimer et qui sont notamment :

Le taoïsme, introduit simultanément avec la précédente;

Le bouddhisme, introduit en 65 après Jésus-Christ;

Le judaïsme;

L'islamisme, introduit il y a sept cents ans;

Le catholicisme (1280);

Le protestantisme (commencement du XIXe siècle);

d'après la date de leur introduction en Chine.

Taoïsme. — Le taoïsme a été fondé par un philosophe de l'antiquité, contemporain de Confucius, Lao-Tse. On a beaucoup écrit sur sa doctrine, qui est le culte du Créateur. Cependant, malgré tous ces écrits, personne ne sait ce qu'a été réellement le taoïsme antique. La morale de Lao-Tse a été ainsi résumée : il conseillait d'écarter tout désir véhément, toute passion susceptible de troubler la tranquillité de l'âme; le passé et l'avenir, d'après lui, ne valent pas la peine qu'on s'en occupe. Somme toute, Lao-Tse n'était pas autre chose qu'un philosophe stoïque.

Les Tao-Sse ou prêtres du taoïsme ont été de grands chimistes et de grands physiciens et ils excellent encore aujourd'hui dans les sciences occultes qui sont encore pour nous des affirmations peu connues.

Bouddhisme. — Le bouddhisme, introduit en Chine en 65 après Jésus-Christ n'a été mis véritablement en activité que vers le troisième siècle; depuis cette époque la morale de Bouddha Çakia-Mouni a été très altérée. On trouve dans le bouddhisme des traces de métempsycose : on a beaucoup parlé du nirvâna; M. Barthélemy-Saint-Hilaire a soutenu que nirvâna voulait dire néant dans toute l'acception du mot; nous croyons au contraire que l'avis de plusieurs sinologues distingués doit prévaloir et que nirvâna veut bien dire néant du corps, mais revie de l'âme dans une autre enveloppe mortelle.

Les bonzeries, qui sont les temples de Bouddha, sont si nombreuses qu'on ne saurait dire le nombre; les prêtres de ces temples, ou bonzes, vivent là dans la paresse et naturellement ils ont tout intérêt à entretenir par toutes leurs actions la crédulité du peuple.

Judaïsme. — Il y a à Kaï-fong sept familles juives formant environ un millier d'individus qui sont venus, dans des temps très reculés, de Samarkande. Les Chinois confondent du reste les israélites avec les mahométans et les appellent indistinctement Hoei-Hoei; mais, pour les distinguer, ils ont donné aux juifs le nom de Hoei-Hoei à bonnet bleu, et aux mahométans celui de Hoei-Hoei à turban blanc.

Islàmisme. — L'islamisme s'est introduit en Chine il y a sept cents ans; les musulmans y sont au nombre de vingt millions environ. Ils se soulèvent facilement, surtout depuis une centaine d'années, car les Anglais, qui cherchent à détruire l'empire chinois, fomentent souvent des insurrections. Depuis l'avènement de la dynastie mandchoue, les mahométans sont contraints de porter la queue; il y a aussi identité de costume entre les Chinois musulmans et bouddhistes; mais on peut distinguer les premiers à leur maintient, à leur franchise apparente et à l'habitude qu'ils ont de toujours marcher armés. Ils sont unis entre eux par un grand esprit de solidarité qui va si loin que les musulmans entre eux consentent à de très grands sacrifices d'argent. Le premier missionnaire musulman fut Ibn-Hamza, qui vint en Chine accompagné de 3.000 colons qui furent très bien accueillis. Vers le XIIIe siècle, d'autres mahométans arrivèrent en Chine par le Si-Kiang.

Il y a deux villes, particulièrement, où se tiennent les écoles de l'islamisme : ce sont Hoa-Tcheou et Kin-ki-pao qui sont aux musulmans chinois ce que La Mecque et Medine sont aux musulmans arabes.

Les musulmans chinois sont beaucoup plus tolérants que leurs coreligionnaires d'Occident, mais cette tolérance ne va pas jusqu'à donner leurs filles en mariage aux païens; ils appartiennent tous à la secte sunnite.

Malgré la répression terrible qui suivit l'insurrection des musulmans de 1856, ils ont pu se relever et ont retrouvé une partie de leur puissance; et ils deviendront un jour indépendants et peut-être même seront-ils les arbitres du sort de la Chine.

SECTION IV

Forces militaires et maritimes de la Chine.

Autrefois les Chinois possédaient une armée fortement organisée; tout citoyen devait servir le pays pendant un certain temps et pouvait être requis lorsqu'une guerre éclatait. Plus tard le recrutement se fit d'une tout autre façon : les deux sources des forces militaires de la Chine étaient l'enrôlement volontaire et la perpétuité de la carrière des armes dans les familles des anciens soldats.

Avant la guerre de 1894, qui montra à la Chine combien était faible son organisation en vue de la guerre, l'armée chinoise était divisée en deux grandes parties :

Les bannières ou *pa-ki*,

Le drapeau vert ou *lou-yng*.

Les bannières, qui étaient au nombre de huit, formaient autant de corps divisés chacun en compagnies de 150 hommes; elles étaient composées de Mandchous et de Chinois, mais la garde de l'empereur, qui était prise parmi elle, ne comptait que des Mandchous.

Les troupes du drapeau vert, au contraire, étaient entièrement composées de Chinois, à l'exception des officiers supérieurs; elles formaient plutôt une garde de police intérieure qu'une armée proprement dite.

En dehors de ces deux divisions principales, on trouvait encore en temps de guerre des corps de y-yong, ou volontaires, formant une espèce d'armée territoriale et fournie par les districts.

Enfin il existait une troupe nombreuse de bandits, doués d'un très grand courage et d'une férocité extraordinaire, les pavillons-noirs; ces bandits aidaient beaucoup les armées impériales contre les troupes ennemies et étaient d'un grand secours pour le gouvernement chinois; l'armée française en fit cruellement l'épreuve, lors de la guerre du Tonkin, et la plupart des combats où nos soldats furent le plus éprouvés furent ceux livrés par les pavillons-noirs.

Le Chinois, quoique courageux personnellement, n'a pas le courage militaire; la plus petite panique peut facilement entraîner la défection en masse et la fuite de toute une armée chinoise.

Il y a une particularité bien curieuse, non seulement chez les Chinois, mais même, à quelques exceptions près, chez tous les peuples asiatiques : le Chinois, dans un combat, ne peut pas supporter l'idée que sa retraite va être coupée; aussitôt qu'il craint ce mouvement tournant, il jette bas ses armes et s'enfuit au plus vite; mais si, par un coup de surprise, il s'aperçoit trop tard qu'il ne peut plus fuir, alors son courage renaît et il ne cherche plus qu'à bien se battre; aussi, dans les combats contre les Asiatiques, doit-on toujours chercher à menacer leur retraite sans jamais la leur couper complètement.

Après la guerre sino-japonaise où l'armée chinoise éprouva de si terribles échecs malgré leur grand nombre, un homme intelligent, le vice-roi du Tche-Ly, Li-Hong-Tchang, résolut de réformer en partie l'organisation militaire de l'empire; toutes les puissances européennes s'offrirent pour l'aider, mais Li-Hong-Tchang, tomba en disgrâce et le nouveau ministre, craignant les barbares d'Occident plus qu'il ne les admirait, refusa doucement ces offres et les velléités de réformes dans l'armée sont restées à peu près lettre morte.

Quant à la marine chinoise, elle a été plus vite sujet de réformes.

Jusqu'en 1880, les navires que l'on construisait en Chine étaient tous des bâtiments à voile, connus en Europe sous le nom de jonques, et peu redoutables pour nos gros cuirassés d'escadre armés de canons à tir rapide. Ces jonques n'étaient, somme toute, que des espèces de transports destinés à porter les soldats jusqu'au navire ennemi.

Mais, en 1880, la Chine s'adressa à des puissances européennes pour avoir des navires de guerre et elle eut bientôt une flotte de 40 cuirassés et torpilleurs armés de 200 canons.

Le littoral fut aussi fortifié; tous les grands ports furent mis à l'abri d'un coup de main et entourés d'une ceinture de fortifications.

Des arsenaux furent créés, dont le plus important fut celui de Fou-Tcheou-Fou. Malheureusement cet arsenal fut détruit en 1884 par l'amiral Courbet; il a été reconstruit depuis lors et est encore maintenant sous la direction d'un ingénieur français.

SECTION V

Tenure des terres en Chine.

Les législateurs chinois se sont toujours préoccupés du moyen de subvenir à la subsistance de tous les sujets de l'empire, et pour cela ils ont cherché à augmenter les surfaces de culture.

L'agriculture est vénérée en Chine ; il y a du reste, tous les ans, une cérémonie symbolique à laquelle l'empereur prend part : dans un champ réservé, l'empereur prend lui-même en main la charrue et trace un sillon.

A ce sujet, les institutions en Chine sont tout à fait patriarcales. L'empereur est le propriétaire du sol national ; mais s'il est établi que le sol est commun à la collectivité, en fait le chef de l'État et la collectivité qu'il représente ne sont que des propriétaires virtuels ; l'État ne peut porter atteinte aux droits du paysan cultivateur que pour cause d'utilité publique et par expropriation, et ce paysan peut laisser son champ à ses héritiers, il peut le vendre ou le louer.

Dans les premiers temps de l'histoire de Chine, la terre était commune à tous; ce n'est que lorsque la nation est devenue l'objet d'un premier partage entre les chefs de famille qu'il y eut des possesseurs. Par la suite on vit se constituer les grands fiefs de l'ère féodale; mais déjà, à cette époque, le paysan, quoique dépendant d'un grand feudataire, avait certains droits, car la commune chinoise était déjà organisée. Ce système s'est maintenu jusqu'au troisième siècle avant l'ère chrétienne. La terre ainsi divisée en grands domaines, la misère publique arriva à un tel point, qu'un empereur, Wang-Mang, fit des règlements agraires pour tâcher de réorganiser la petite propriété; on ne permit plus à un particulier de posséder plus de six hectares de terres et la vente du sol fut interdite; mais c'était tomber d'un excès dans l'autre, et une anarchie terrible désola la Chine; Wang-Mang fut massacré et son édit agraire tomba en désuétude. Pendant les dix siècles qui suivirent, la grande propriété se reconstitua.

Au milieu du XIe siècle, on vit surgir en Chine une école philosophique et économique nouvelle dont le chef, Wang-Han-Chi, qui était un ardent innovateur, bouleversa son pays pour donner satisfaction à ses idées économiques.

Philosophe matérialiste, Wang-Han-Chi, appliqua la fermeté de son caractère et le crédit dont il jouissait auprès de l'empereur à faire triompher les idées nouvelles destinées, selon lui, à régénérer la société. Pour cela, il renversa toutes les anciennes institutions. Par un décret, l'empereur abolit la propriété individuelle; la collectivité représentée par l'empereur devenait maîtresse du sol et il était décidé que son exploitation se ferait administrativement; quant aux capitaux privés, il fut prescrit à chacun d'en faire remise à l'État dans un délai de cinq ans, pendant lesquels le poids total des impôts serait supporté par les seuls riches.

La réforme fut accueillie avec enthousiasme par les masses populaires; cependant elle ne tarda pas à leur causer de grandes déceptions lorsqu'il fallut passer de la théorie à la pratique; on dut créer toute une armée de fonctionnaires pour partager la terre, pour surveiller les travailleurs, etc.; il y eut des inspecteurs des ventes et des achats; d'autres furent préposés aux subsides dus aux vieillards, aux malades, aux infirmes; d'autres constituèrent, dès le début, un corps d'inquisiteurs chargés de faire des enquêtes, des perquisitions; enfin, quand mourut l'empereur, cet essai de communisme d'État s'effondra sous la réprobation nationale et on en revint à l'ancien ordre des choses.

Mais la désorganisation était complète, et, dans le Nord et dans l'Est, se tenait un ennemi armé qui n'attendait que l'occasion favorable pour envahir le territoire chinois : c'étaient les Tartares-Mongols. Le nouvel empereur fut trop faible, et province par province, la Chine tout entière fut conquise par les Mongols, qui rétablirent le régime féodal et qui enlevèrent aux Chinois tout ce qui leur restait de droits et de libertés. Les chefs mongols se taillèrent de grands fiefs dans l'empire et décidèrent de refouler la nation chinoise au delà du fleuve jaune : ce fut alors une expropriation en masse.

Sous la pression causée par les excès des Mongols, un soulèvement général se produisit au xive siècle et les Tartares furent rejetés dans le Nord. La dynastie des empereurs Ming fut fondée par le libérateur du pays, Tchou-Yuan-Tchong; l'ordre fut à peu près rétabli et on remit en vigueur tous les anciens usages.

En 1618, lorsque les Mandchous envahirent la Chine, ils surent profiter de la division des partis, et en 1650 la dynastie Ming fit place aux Tsin ; mais les Mandchous se conduisirent plus habilement que les Mongols, et ne changèrent rien aux institutions du pays; ils encouragèrent l'agriculture et les terres continuèrent à être régies d'après les lois en usage depuis l'avènement des Ming.

Actuellement le régime qui prévaut en Chine est celui de la petite proprieté ; on retrouve aussi sur certains points des traces de la propriété communale; la terre reste entre les mains de ceux qui la cultivent; le propriétaire supporte le poids des impôts, qui sont d'ailleurs très légers, et le fermier fournit le bétail, l'engrais, les outils et la main-d'œuvre, moyennant quoi chacun a droit à la moitié de la moisson.

Sur le littoral la moyenne des propriétés est de un hectare. Le droit de propriété est du reste soumis à des restrictions qui résultent des principes familiaux; il faut que la terre soit tenue en bon état et qu'elle ne soit pas abandonnée pendant plus de trois ans, sinon elle peut être retirée au propriétaire et donnée à un autre. Négliger de faire rendre au sol ce qu'il peut donner, c'est être coupable envers la nation tout entière, et le chef de la commune est punissable si les champs sont mal tenus.

CHAPITRE II

RELATIONS FRANCO-CHINOISES JUSQU'EN 1874

SECTION I

Les Français en Chine jusqu'en 1844.

§ 1er.

MISSIONNAIRES CATHOLIQUES

Les premiers Français qui résidèrent en Chine étaient des missionnaires catholiques qui furent d'ailleurs bien accueillis par la dynastie mongole qui régnait alors sur l'Empire du Milieu.

Le fondateur de ces missions fut un italien, Jean de Montecorvino, qui fut nommé par le pape évêque de Khan-Bâliq, avec le primat de tout l'Orient, en 1308; mais il mourut en 1333 et fut remplacé par un évêque français, Nicolas.

Aussi longtemps que les Mongols restèrent au pouvoir, les missionnaires chrétiens obtinrent toutes les faveurs; ils purent évangéliser les habitants sans craindre d'être persécutés; mais cette ère de prospérité ne dura pas longtemps; elle tomba avec la dynastie mongole en 1368 et les Ming arrêtèrent les progrès du catholicisme.

Ce sont les jésuites qui, deux cents ans plus tard, ont

repris le mouvement de la propagation de la foi. Protégés tout d'abord par la dynastie régnante, ils ne purent bientôt s'empêcher de nouer des intrigues politiques qui rendirent hostile à leur égard le gouvernement chinois; et, sans cependant être persécutés, ils tombèrent peu à peu en défaveur; leur crédit devint presque nul et les conversions se firent très rares.

En 1644, la dynastie chinoise des Ming fut renversée et fit place aux Mandchous, qui sont encore aujourd'hui sur le trône.

Aussitôt que les Mandchous furent arrivés au pouvoir, les jésuites reprirent leur influence, qui devint de plus en plus grande jusqu'à la mort de l'empereur Kang-Hi. Ils surent se faire estimer des souverains chinois à cause de leur grande science en tout ce qui touchait les mathématiques, l'astronomie et les sciences naturelles, Sous l'empereur Kang-Hi, ils devinrent même les conseillers secrets de la cour et aucune affaire importante n'était entreprise sans que leur avis eût été demandé; Kang-Hi alla même jusqu'à leur donner à Péking, dans la ville impériale où personne n'a le droit de pénétrer s'il n'est de la famille ou de la maison du souverain, un terrain tout proche de son propre palais pour y élever une maison d'études et un observatoire; c'était une faveur insigne qui montre bien la grande estime dans laquelle le Fils du Ciel tenait les missionnaires jésuites.

L'œuvre de prédication continuait aussi ses progrès; de grands fonctionnaires de l'empire et même un prince de la famille impériale embrassèrent la religion catholique, et, grâce à cet exemple, il y eut un grand nombre de conversions dans la classe populaire.

Mais Kang-Hi avait porté trop haut la fortune des jésuites, qui, après sa mort, commencèrent à voir diminuer leur influence; une réaction d'abord douce, puis violente, prit naissance, et les persécutions commencèrent. Ces persécutions n'auraient peut-être pas éclaté si vite si des dissensions sérieuses ne s'étaient élevées au sein même de l'Église chrétienne.

Déjà, sous l'empereur Kang-Hi, les religieux dominicains, jaloux de l'influence qu'avaient su prendre les jésuites à la cour de Péking, les avaient dénoncés au pape et les avaient accusés de violations flagrantes des dogmes fondamentaux de l'Église catholique, leur reprochant d'avoir permis aux nouveaux convertis de conserver certaines pratiques de la superstition, dans le seul but d'accroître leur influence personnelle.

Qu'y avait-il de vrai dans ces accusations? Les jésuites ont une manière toute spéciale d'évangéliser les peuples étrangers; ne ressemblant pas en cela aux autres ordres religieux, ils cherchent à ne heurter que le moins possible les croyances de ceux qu'ils veulent convertir au christianisme; ils ont vu qu'il y avait trois choses auxquelles les Chinois tenaient beaucoup, et commes elles n'étaient pas incompatibles avec la religion chrétienne, ils les permirent. Ils ont admis qu'un chrétien pouvait avoir le culte des ancêtres qui n'a qu'un effet possible, celui d'élever l'esprit; ils admirent aussi que, sans manquer aux principes de la religion catholique, le converti pouvait rendre hommage au grand moraliste qu'ils admiraient eux-mêmes en Confucius et ils ont permis aux Chinois catholiques de donner à Dieu le nom dont ils se servaient auparavant pour désigner l'être suprême. Ces trois licences n'avaient rien de formellement contraire aux dogmes de la religion chrétienne, et c'est grâce à elles que les jésuites purent bâtir des églises et faire d'innombrables conversions.

Mais les dominicains taxèrent d'hérétique l'indulgence des jésuites pour les rites chinois. Ils portèrent leurs doléances à Rome, où malheureusement on leur prêta une oreille trop attentive; le pape envoya un légat en Chine, le cardinal de Tournon, pour notifier aux jésuites un ordre de rappel. Le légat fut très mal reçu par l'empereur, qui se montra très irrité que le pape, ne connaissant rien de la religion de Confucius, s'érigeât en maître spirituel et envoyât un prélat dans son empire pour condamner des pratiques chères à ses sujets. Très persécuté, le malheureux cardinal de Tournon mourut à Macao peu de temps après et fut remplacé par un autre légat qui ne réussit pas mieux dans sa mission.

Ce fut à ce moment critique que la mort, en frappant Kang-Hi, vint donner le dernier coup au christianisme en Chine.

Les jésuites durent se conformer aux ordres du Saint-Siège et abandonner les missions et les travaux qu'ils avaient fondés dans l'Extrême-Orient, au moment même où les persécutions contre les chrétiens commençaient à devenir sanglantes.

Beaucoup plus tard, au traité de commerce et d'amitié conclu en 1844 entre la France et la Chine, le plénipotentiaire français, M. de Lagrenée, n'oublia pas les missionnaires chrétiens, et, à côté des avantages politiques et commerciaux qu'il réclama au nom de la France, il exigea aussi au nom de la chrétienté des concessions pour les missions religieuses; il ne put obtenir que deux choses : la liberté religieuse dans les cinq ports ouverts au commerce européen, et la juridiction française assurée aux missionnaires qui s'aventureraient dans l'intérieur des terres malgré l'interdiction qu'en avait faite l'empereur dans ses décrets.

Plus tard encore, de 1844 à 1860, les chrétiens jouirent de certaines faveurs que leur accorda l'empereur Tao-Kouang. En 1858 survint la guerre, et le traité de Tien-Tsin de 1860 reconnaissait la liberté complète du culte catholique en Chine; les missionnaires avaient le droit de se fixer dans l'intérieur du pays et les anciens établissements qu'on leur avait confisqués leur étaient rendus.

§ 2.

RELATIONS COMMERCIALES JUSQU'EN 1844

Au XVIIIe siècle, le commerce des Européens en Chine était encore plutôt toléré que permis; on n'était admis dans le pays que lorsqu'un événement fortuit, un naufrage par exemple, vous jetait à la côte, ou lorsque, comme ambassadeur, on venait rendre hommage à l'empereur.

Cependant, à la fin du XVIIIe siècle, les Européens furent admis à Canton; une Compagnie de Chine, qui avait été créée en France en 1713, se réunit en 1719 à la Compagnie des Indes, déjà existante, et, en 1770, un comptoir fut fondé à Canton sous la direction de MM. Timothée, Clouet et de Robien.

Peu de temps après cet établissement, en 1772, M. Timothée dit, dans une lettre à M. de Boynes, que les étrangers étaient soumis en Chine à mille vexations et à un arbitraire sans limites; qu'ils ne résidaient en Chine que par faveur et non par droit; qu'enfin ils n'avaient aucun droit à la justice distributive.

Les quelques commerçants autorisés à échanger leurs produits à Canton ne pouvaient en outre entrer directement en relations avec les commerçants chinois et devaient se servir de douze marchands intermédiaires, appelés « marchands hânistes » : le navire français arrivant à Canton se consignait à un de ces courtiers hangs qui, à partir de ce moment, devenait non seulement l'intermédiaire forcé entre les marchands français et Chinois, mais prenait même la responsabilité du paiement des taxes et de la conduite de l'équipage.

Il en résultait que les frais étaient au moins doubles pour l'acheteur. La position de ces hangs entre les deux parties du marché n'était pas toujours agréable, car ils n'avaient aucun moyen efficace de surveillance sur l'équipage et aucun moyen d'empêcher les rixes nombreuses qui se produisaient entre les marins français et la population chinoise; leur situation était cependant recherchée comme très lucrative.

M. Timothée nous apprit encore que les Européens, quels qu'ils fussent, ayant un lieu marqué pour leur résidence, ne pouvaient en excéder les limites sans une autorisation expresse du gouverneur; qu'ils ne pouvaient faire un pas que l'argent à la main; que les extorsions pécuniaires de la part des mandarins chinois dépassaient toute croyance; et que les Chinois à leur service étaient tenus de payer des impôts fort lourds.

Malgré cela, le commerce français en Chine était en progrès puisqu'en 1772 Canton avait reçu dans son port trois vaisseaux français, qu'en 1773 il y en eut six, et sept en 1774.

Cependant, comme toujours en fait de commerce extérieur, la France s'était déjà laissé devancer par la Grande-Bretagne, qui, en 1772, avait en Chine dix-sept bateaux de commerce et dix-huit en 1774.

SECTION II

Relations franco-chinoises (1844-1858)

En 1843, notre consul à Canton, le comte de Ratti-Menton, demanda au vice-roi de la province de Kouang-Tong, Ki-Yng, que les Français eussent la jouissance des mêmes privilèges qui avaient été accordés aux nationaux des autres puissances. Il négociait en même temps auprès du même haut commissaire impérial pour que les missionnaires chrétiens fussent remis en possession des droits qui leur avaient été enlevés.

La première de ces réclamations fut agréée en principe par le vice-roi qui déclara que les droits impériaux spécifiés dans le tarif ainsi que les droits de navigation suivant le tonnage seraient seuls exigibles ; que les négociants français ne pourraient aller que dans les cinq ports de Canton, Fou-Tcheou, Amoy, Ning-Po, et Chang-Haï et qu'ils devraient observer les lois chinoises sur la fraude et la contrebande.

Le roi Louis-Philippe, tout en acceptant cette déclaration du vice-roi, préféra conclure un traité d'amitié, de commerce et de navigation avec le gouvernement chinois, pour être plus certain que nos réclamations ne resteraient pas sans effet et que les promesses de Ki-Yng ne seraient pas sujettes à être révoquées par un nouveau décret impérial. A cet effet, il envoya à Canton un ministre plénipotentiaire qui conclut le traité en octobre 1844. Ce traité, signé à Wan-Pou entre Ki-Yng et M. de Lagrené ne compte pas moins de 36 articles.

Le droit pour les négociants français de commercer dans les cinq ports susdits était confirmé ; mais défense leur était faite de chercher à faire pénétrer leurs marchandises dans toute autre contrée sous peine de confiscation du navire et du chargement ; cette confiscation ne pouvait cependant avoir lieu sans que le consul français le plus proche en eût été averti. — L'article 4 donnait au gouvernement français le droit d'entretenir des consuls dans les cinq ports et reconnaissait à ces consuls le droit d'être traités sur le pied de parfaite égalité par les mandarins chinois. — Les navires de guerre français pouvaient stationner dans les cinq ports sans être tenus de payer aucun droit. — Les négociants français pouvaient importer et exporter toute matière non monopolisée en payant les droits du tarif; de plus, promesse était faite au gouvernement du roi de France, qu'aucun nouveau monopole ne serait déclaré et que la France jouirait toujours du traitement de la nation la plus favorisée. — Aucune surtaxe ne serait imposée aux marchandises françaises qui auraient payé le transit et que des négociants chinois feraient pénétrer à l'intérieur du pays; mais les lois les plus sévères étaient édictées au sujet de la contrebande. — La corporation privilégiée des marchands hangs à Canton était complètement supprimée, et il était déclaré que chaque puissance signataire ne serait aucunement responsable des dettes de ses nationaux. — Enfin, à partir de l'article 22, on entrait dans une série d'articles réglementaires destinés à offrir aux Français, résidant en Chine, toutes les garanties désirables pour leurs personnes ou leurs propriétés et à les soustraire complètement à l'action des lois chinoises (1).

(1). Ce traité de Wan-Pou est extrêmement important en ce sens qu'il est le premier que la Chine consentit à conclure avec la France.

Quant à la seconde demande de M. de Ratti-Menton, au sujet des missionnaires chrétiens, elle reçut aussi satisfaction, mais en partie seulement. Ki-Yng adressa en 1846 une requête à l'empereur par laquelle, démontrant que pendant longtemps les missionnaires catholiques avaient joui de la faveur impériale, que, du reste, la religion chrétienne ne pouvait qu'engager ceux qui l'embrassaient à faire le bien et à éviter de nuire à son prochain, il demandait que l'empereur, par un décret, rendît aux missionnaires le droit de résider dans les cinq ports ouverts au commerce, et déclarât que ceux qui auraient pénétré dans l'intérieur du pays malgré la défense qui en était faite seraient justiciables, non plus des tribunaux des mandarins, mais du consul français.

L'empereur donna son approbation à cette requête et promulgua un édit dans ce sens; une grande amélioration en résulta donc dans la situation des missionnaires chrétiens, mais ce n'était qu'un édit impérial passible à tout moment d'une révocation qui pourrait entraîner de terribles conséquences : c'est du reste ce qui arriva quelques années plus tard.

Enfin une troisième question fut réglée en avril 1845 ; ce fut le règlement du port de Fou-Tcheou-Fou qui avait été ouvert au commerce l'année précédente.

Cependant, malgré ces traités, les Européens ne tardèrent pas à être de nouveau traités en ennemis, vexés, volés et massacrés; on leur refusa des terrains pour leurs factoreries; leurs maisons furent attaquées en pleine ville de Canton. Une nouvelle rupture eut lieu entre l'Angleterre et la Chine et la France fit alliance avec la Grande-Bretagne (1856).

SECTION III

Guerre de 1856-1860. — Traités de Tien-Tsin (1858) et de Pékin (1860).

§ 1er.

PREMIÈRE PARTIE DE LA GUERRE (1856-58). — TRAITÉ DE TIEN-TSIN (27 JUIN 1858).

En 1856, les Anglais ouvrirent les hostilités à propos de la capture d'une jonque chinoise voyageant sous pavillon anglais. L'amiral anglais, quoique n'ayant pas reçu d'ordre de son gouvernement, exigea une réparation immédiate : les mandarins mirent l'équipage de la jonque en liberté. En dépit de cette démarche les Anglais s'emparèrent d'une jonque de guerre chinoise et firent sauter un certain nombre de forts près de Canton. Le vice-roi du Kouang-Tong protesta et eut l'imprudence de faire afficher des placards mettant à prix la tête des Anglais, qui, aussitôt, bombardèrent la résidence du vice-roi et débarquèrent des troupes qui occupèrent le palais. Vingt-trois jonques de guerre furent coulées. Les Anglais, pour augmenter encore la pression, s'emparèrent de nouveaux forts; les représailles ne se firent pas attendre et les Chinois incendièrent les factoreries.

L'amiral anglais dut alors se retirer pour attendre les ordres de son gouvernement. Dans le Parlement anglais, il y eut une forte majorité pour le blâmer, mais le gouvernement lui envoya des renforts.

La France conclut un traité d'alliance avec l'Angleterre et la guerre s'ouvrit le 4 janvier 1857 par la prise de Canton; le vice-roi fut fait prisonnier et envoyé à Calcutta. Les puissances alliées avaient envoyé des plénipotentiaires, le baron Gros pour la France, lord Elgin pour l'Angleterre, qui cherchèrent aussitôt à entrer en négociations; ils proposèrent au gouvernement chinois un arrangement favorable, qu'ils firent appuyer par la Russie et les États-Unis; ils attendirent longtemps une réponse et finalement on leur renvoya leurs dépêches sans réponse pour avoir écrit le nom de l'empereur sur le même rang que ceux de leurs souverains; on les engageait toutefois à entrer en relations avec le vice-roi du Tche-Ly. Les alliés se rendirent à cette indication, non plus comme négociateurs, mais comme envahisseurs; les Anglais occupèrent les îles Chou-San à l'entrée du Yang-Tse, et l'armée alliée s'empara de Ta-Kou et de Tien-Tsin. L'armée chinoise n'était pas prête, Péking pouvait être pris aussi, la cour se décida à négocier et envoya deux hauts fonctionnaires. Les traités furent signés séparément par la France et l'Angleterre, mais il y avait des articles communs; le traité franco-chinois fut signé à Tien-Tsin le 27 juin 1858; les articles communs aux deux traités étaient les suivants:

Les agents diplomatiques des puissances signataires pourraient se rendre à Péking lorsqu'il y aurait des affaires importantes à régler. De nouveaux ports étaient ouverts au commerce européen, parmi lesquels Kioung-Tcheou, Nanking, Han-Keou, sur les mêmes bases que les cinq ports déjà ouverts. Les nationaux français pouvaient voyager librement à l'intérieur du pays pourvu qu'ils fussent munis de passeports en règle. La France obtenait en tout le traitement de la nation la plus favorisée. Le respect de la propriété était de nouveau solennellement confirmé ainsi que le droit pour nos nationaux de louer ou bâtir des maisons, d'établir des églises, des hôpitaux, des hospices, des écoles et des cimetières, sans que les Chinois pussent surfaire leur prix habituel. La liberté du culte catholique était reconnue dans toute la Chine avec la seule restriction que les missionnaires devraient se pourvoir de passeports pour pénétrer dans les terres. Un nouveau tarif douanier devait être élaboré par une commission de mandarins qui se mettrait en rapport à Chang-Haï avec des délégués anglo-français.

Toutes ces clauses étaient générales à l'Angleterre et à la France, mais chacune de ces puissances conclut un traité séparé : la France obtenait une indemnité de guerre de 2 millions de taëls et occupait Canton jusqu'à parfait paiement. De plus, des réparations étaient promises par le gouvernement chinois à l'occasion du meurtre d'un missionnaire français, le P. Chapdelaine.

§ 2.

DEUXIÈME PARTIE DE LA GUERRE (1860)
TRAITÉ DE PÉKING (1860)

Le gouvernement chinois n'avait pas l'intention d'exécuter les clauses du traité qu'il venait de signer. Il ne cherchait qu'à gagner du temps pour permettre à ses forces militaires de s'organiser et de faire face au danger nouveau qu'occasionnerait la non-exécution du traité de Tien-Tsin.

Les délégués français pour la revision des tarifs douaniers attendirent longtemps à Chang-Haï l'arrivée des mandarins chinois, qui ne vinrent pas. Des canonnières alliées se rendant à Péking furent attaquées à Ta-Kou par l'armée chinoise; aussitôt les hostilités recommencèrent : le gouvernement chinois, effrayé, pria les plénipotentiaires européens de se rendre à Péking pour entamer les négociations de paix; lord Elgin s'y rendit et profita de l'incident de Ta-Kou pour exiger des excuses, l'échange immédiat des ratifications, le plein effet immédiat du traité, l'admission perpétuelle d'un ministre de chaque puissance contractante à Péking. Le gouvernement chinois refusa de se soumettre à ces exigences et répliqua par une fin de non-recevoir. Aussitôt les Anglais réoccupèrent les îles Chou-San; l'armée alliée s'empara de Talien-Wan et de Tche-Fou, puis de Ta-Kou et de Tien-Tsin; elle refoula les masses tartares et les battit à Pa-li-kao le 6 octobre; Péking fut pris le 13 du même mois et, le 24, les négociations s'engagèrent entre le baron Gros, lord Elgin et le prince Kong. Le 25 octobre, le traité de Péking était signé.

Toutes les clauses du traité du 27 juin 1858 étaient valables; de plus, le gouvernement chinois faisait des excuses, un ministre français et un ministre anglais devaient résider à Péking, l'indemnité de guerre était élevée à 8 millions de taels, tous les établissements religieux étaient rendus aux missionnaires chrétiens. Le port de Tien-Tsin était ouvert au commerce européen, les Chinois devenaient libres de quitter leur pays pour voyager en Occident, si bon leur semblait. Telles étaient les clauses du nouveau traité entre la France et la Chine et, le 1er novembre, l'armée française quittait Péking.

Les Anglais restèrent huit jours de plus et lord Elgin obtint pour l'Angleterre la cession à bail d'une partie de l'île de Kao-Loun en face de Hong-Kong. Enfin la revision des tarifs douaniers était accomplie d'apres les bases suivantes : les droits de douane payés suivant le tarif de 5 0/0 *ad valorem*, en moyenne ; les marchandises étrangères devaient être admises dans les ports à traité et pouvaient pénétrer librement à l'intérieur du pays en étant accompagnées d'une « passe de transit » dont la taxe ne devait pas excéder 2 0/0 *ad valorem* ; cette taxe était applicable également aux marchandises exportées de l'intérieur pour être vendues aux étrangers et avait pour but de débarrasser le trafic étranger des droits arbitraires du Li-Kin qui frappaient le commerce entre chaque province et souvent même entre chaque district.

SECTION IV

Relations de 1860 à 1874.

Les relations franco-chinoises ne furent marquées par aucun événement important de 1860 à 1870; mais, en juin 1870, eut lieu à Tien-Tsin un horrible massacre de chrétiens dont furent victimes 22 nationaux français parmi lesquels notre consul, son chancelier, son interprète et des missionnaires et sœurs de charité. Dix mille hommes avaient pris part à ce monstrueux massacre, et avaient été encouragés par les autorités locales. Lorsque le gouvernement chinois eut connaissance de cet attentat, il montra un cynisme révoltant, soutenant que notre consul, M. Fontanier, avait tiré des coups de revolver sur le gouverneur de Tien-Tsin et qu'il avait ainsi donné le signal de cette horrible boucherie.

Une ambassade extraordinaire fut cependant envoyée à Paris en 1871 et le chef de cette mission fut précisément ce même gouverneur de Tien-Tsin, Tchong-Heou, qui avait tacitement permis le meurtre de nos compatriotes.

Le gouvernement chinois proposa des réparations immédiates consistant en : la mise à mort de quelques coupables et la déportation de plusieurs autres, la dégradation du préfet et du sous-préfet de Tien-Tsin, le paiement d'une indemnité de 3 millions et demi de francs, le placement de pierres commémoratives sur le tombeau des victimes.

Ces propositions furent acceptées par le gouvernement français et l'ambassade chinoise quitta la France en 1872.

CHAPITRE III

RELATIONS FRANCO-CHINOISES DE 1874 JUSQU'A NOS JOURS

SECTION I

Guerre du Tonkin. — Traité de Tien-Tsin.

C'est en 1862 que la France mit le pied pour la première fois dans l'Indo-Chine ; après plusieurs massacres de missionnaires en Annam, une expédition y fut envoyée et l'Annam nous céda les trois provinces méridionales de la basse Cochinchine. — En 1864, le Cambodge acceptait notre protectorat. — En 1868, la cour de Hué nous faisait des concessions nouvelles et nous cédait trois nouvelles provinces.

Un négociant français, M. Dupuis, eut des démêlés avec l'Annam, et c'est alors qu'intervint Francis Garnier, qui, avec 180 soldats, conquit en quelques jours toute la région du Delta du Tonkin ; mais Garnier fut tué dans un engagement et nos troupes évacuèrent le pays.

En 1874, un traité de protectorat fut conclu entre la France et l'Annam. D'après ce traité, l'Annam ne reconnaissait la suzeraineté d'*aucune autre puissance que la France* et signait un traité de commerce favorable aux intérêts des négociants français. — En revanche, la France s'engageait à protéger l'Annam contre les entreprises de toute puissance étrangère. Ce traité fut communiqué au gouvernement chinois qui n'y fit à ce moment aucune objection.

Après ce traité de 1874, le comte de Rochechouart, qui était chargé de représenter la France à Pékin écrivit au ministre chinois, le prince Kong, pour lui demander non seulement de retirer les troupes chinoises qui étaient encore en Annam et d'empêcher que d'autres y entrassent, mais aussi d'ouvrir au commerce français un point de la province du Yun-Nan (1). Le prince Kong donna entière satisfaction quant au retrait des troupes, mais répondit qu'en ce qui concernait l'ouverture du Yunnan au commerce, il faudrait d'abord faire une enquête pour en connaître la nécessité et que plus tard, peut-être, cette demande pourrait être agréée.

Peu de temps après, une ambassade annamite se rendit à Péking pour porter des présents à l'empereur de Chine ; notre ministre des Affaires étrangères, le duc Decazes, en prit ombrage, car il craignait que ces présents fissent croire encore à une vassalité nominale de l'Annam envers la Chine, ce qui était tout à fait contraire aux clauses du traité de 1874.

En 1878, 7.000 réguliers chinois envahirent le Tonkin, sous prétexte de réprimer l'insurrection qui venait d'y éclater : c'était une grave atteinte aux droits de protectorat que la France possédait sur l'Annam, d'autant plus que la Chine affirmait de plus en plus nettement sa suzeraineté sur le royaume annamite. Une correspondance active fut échangée entre notre ministre des Affaires étrangères et l'ambassadeur de Chine à Paris, le marquis Tseng. Notre ministre écrivit à Tseng que la France enten-

(1) La ville que le comte de Rochechouart voulait faire ouvrir au commerce français était Mang-Hao.

dait faire intégralement respecter les dispositions du traité de 1874 et, par suite, empêcher toute puissance étrangère, même la Chine, de s'ingérer dans les affaires de l'Annam; le marquis Tseng répondit que la Chine n'avait jamais reconnu ce traité et ne pourrait jamais le reconnaître; le commandant Rivière fut alors envoyé dans le Delta avec quelques troupes; de plus Gambetta, à ce moment ministre des Affaires étrangères en France, écrivit au marquis Tseng que, le traité de 1874 ayant été communiqué aussitôt après sa conclusion au gouvernement chinois qui n'y avait fait aucune opposition, la réclamation était trop tardive qui venait en 1881 et que la France était décidée à continuer sa politique en Annam, qui ne consistait pas à conquérir le Tonkin, mais à y assurer la liberté du commerce. Malgré ces intentions pacifiques, on ne tarda pas à s'apercevoir qu'il y aurait danger pour le corps expéditionnaire du commandant Rivière, si Hanoï n'était pas occupé, et si les garnisons françaises du Tonkin, n'étaient pas augmentées. Hanoï fut pris. Le marquis Tseng protesta aussitôt contre ce fait, qui constituait d'après lui une violation des droits de suzeraineté revendiqués par la Chine (1), mais le gouvernement français ne voulut accepter aucune discussion. La conquête complète du Tonkin et, par suite, la guerre probable avec la Chine fut presque décidée au Conseil des ministres le 21 octobre 1882; mais, au même moment, M. Bourée, ambassadeur de France à Pékin, grâce à des négociations prudentes, presque timides, obtenait du Tsong-Li-Yamen un projet de convention d'après lequel la Chine ouvrait le Yunnan au commerce français et reconnaissait le pro-

(1) Dans toutes les négociations relatives à ces affaires du Tonkin, on voit que l'argument toujours présenté par la Chine est sa prétendue suzeraineté sur l'Annam.

tectorat de la France sur le Tonkin, sauf sur une certaine zone à délimiter; en revanche, la France devait reconnaître la suzeraineté de la Chine sur l'Annam. Ce projet ne pouvait convenir au gouvernement français et M. Bourée fut rappelé. La Chine arma aussitôt et, de notre côté, l'amiral Courbet occupa les forts de Thuan-An. A ce moment, le roi d'Annam Tu-Duc mourut et son successeur reconnut pleinement le protectorat français. Les incursions des Pavillons-Noirs au Tonkin continuant de plus belle, la Chine ne pouvait plus prétendre qu'ils étaient à la solde de l'Annam et le Tsong-Li-Yamen fut obligé de se démasquer.

La Chine, incapable désormais de faire traîner les choses en longueur fit proposer deux projets :

Ou bien le retour à l'état de choses antérieur à 1873, c'est-à-dire l'Annam indépendant de toute puissance étrangère, sauf la Chine;

Ou bien un arrangement qui laisserait à la Chine le droit exclusif d'agir sur le Fleuve-Rouge avec une zone neutre entre la frontière méridionale du Tonkin et le vingtième degré.

Ces propositions étant absolument dérisoires, les hostilités furent ouvertes, mais pour peu de temps, car une convention préliminaire de paix fut signée le 11 mai 1884 à Tien-Tsin entre Li-Hong-Tchang, vice-roi du Tche-Ly et le capitaine de frégate Fournier. D'après cette convention, la France s'engageait à protéger contre toute agression les frontières méridionales de la Chine, limitrophes du Tonkin. — La Chine promettait de rappeler *immédiatement* ses troupes du Tonkin et de respecter désormais les traités franco-annamites. — La France ne demandait aucune indemnité de guerre et, en retour, la Chine admettait, sur toute l'étendue de ses frontières méridionales le libre trafic des marchandises entre la France et l'Annam d'une part et la Chine de l'autre, réglé par un traité futur de commerce et par un nouveau règlement de tarifs à intervenir. — Enfin, un traité définitif devait être signé dans les trois mois.

D'après l'article 2 de cette convention, la Chine devant rappeler *immédiatement* ses troupes du Tonkin, la colonne française pouvait occuper Lang-Son aussitôt; cependant lorsqu'elle arriva le 23 juin près de Lang-Son, elle fut attaquée par 4.000 réguliers chinois; aussitôt que cette nouvelle arriva à Paris, notre ministre des Affaires étrangères demanda réparation à la Chine qui nia les engagements concernant l'évacuation et qui contesta les frontières du Tonkin.

Le 12 juillet, un ultimatum fut alors remis au Tson-Li-Yamen, par lequel la France exigeait l'exécution immédiate de l'article 2 de la convention ; la publication dans la *Gazette de Péking*, d'un décret impérial à ce sujet ; le paiement d'une indemnité de 250 millions de francs au moins.

Le gouvernement chinois accepta les deux premières demandes, mais refusa l'indemnité sous prétexte que la France ayant tous les torts dans l'affaire de Lang-Son, il n'était pas d'usage qu'elle reçût à cette occasion une indemnité; cependant, pour montrer sa prétendue bonne volonté, il proposa une indemnité de 3.500.000 francs, aussitôt refusée, bien entendu par notre plénipotentiaire, M. Patenôtre, outré d'une aussi grande mauvaise foi. M. Jules Ferry voulant au moins 50 millions, M. Hart, plénipotentiaire du gouvernement chinois, suggéra un arrangement : la Chine paierait à la France 8 millions pendant une période de dix années, et le tribut annamite envers la Chine serait maintenu. Cette dernière clause ne put pas être acceptée par M. Patenôtre.

L'Amérique avait signé avec la Chine, en 1858, un traité par lequel elle lui promettait ses bons offices en cas de conflit avec une autre puissance; aussi une proposition d'arbitrage fut-elle faite par le ministre des États-Unis au président de la République française; mais cette proposition fut refusée.

Le 5 août, la nécessité d'un gage se faisant sentir pour nous, l'amiral Courbet fit occuper Kelung.

Un nouvel ultimatum étant resté sans réponse du Tsong-Li-Yamen, l'amiral Courbet bombarda Fou-Tcheou, et, quoique la guerre ne fût pas déclarée officiellement, les hostilités recommencèrent et notre chargé d'affaires à Pékin, le vicomte de Semallé, quitta la Chine.

Après le bombardement de Fou-Tcheou et l'occupation de Kelung, la France aurait dû frapper un grand coup dans le Nord, à Port-Arthur ou à Tien-Tsin; mais les renforts envoyés à l'amiral Courbet n'étaient pas suffisants et les ordres du cabinet de Paris n'étaient pas favorables à cette idée. L'amiral se rejeta alors sur Formose et essaya d'occuper Tamsui; mais il échoua et ne put que bloquer toute la côte occidentale de l'île. Heureusement sur la frontière méridionale de la Chine, le général de Négrier battait les armées impériales à Kep et à Chu; de son côté, le général Brière de l'Isle occupait Lang-Son et Kilua, et débloquait Tuyen-Quan serré de près par les Pavillons-Noirs. Peu de temps après le général de Négrier qui avait envahi le Kouang-Si, fut obligé de reculer et d'évacuer Lang-Son. Au même moment le ministère Ferry tombait et M. de Freycinet lui succédait au ministère des affaires étrangères. Désireux d'en finir avec la guerre de Chine, il fit engager avec le gouvernement chinois des négociations qui aboutirent, le 9 juin 1885, à la signature du traité de paix de Tien-Tsin : la France, gardant le

Tonkin, devait respecter les frontières chinoises et protéger les colons chinois établis en Annam. — La Chine s'engageait à respecter les traités franco-annamites. — Dans un délai de six mois, des délégués de chaque puissance contractante devaient se rendre sur les lieux pour reconnaître la frontière. — Les sujets de chaque pays seraient obligés, pour franchir la frontière, de se munir d'un passeport. — Le commerce d'importation et d'exportation était permis par frontière de terre entre la Chine et le Tonkin. — Un traité de commerce serait conclu plus tard entre la France et la Chine.

Ainsi cette guerre du Tonkin, qui aurait pu avoir des suites si importantes pour notre influence en Chine, si notre gouvernement avait envoyé là-bas des renforts plus considérables en hommes et en bateaux, n'eut comme conséquence que la ratification de la Convention de Tien-Tsin, sans que nous ayons pu obtenir satisfaction au sujet de l'indemnité que nous exigions pour le guet-apens de Lang-Son. Nous avions perdu nos soldats, notre argent et aussi l'amiral Courbet, pour avoir marchandé des renforts, et des subsides. Si l'amiral Courbet avait reçu ces renforts qu'il ne cessa de réclamer, il aurait pu, sans abandonner le blocus de Formose, porter une partie de ses forces sur le nord de la Chine et effrayer le gouvernement de Péking que les succès remportés par nos troupes au Tonkin et à Kélung n'avaient pas réussi à intimider. Cette expérience avait cependant déjà été faite en 1860, puisque, malgré la prise de Canton et de Fou-Tcheou, les forts chinois avaient, à ce moment, si mal reçu à Takou les plénipotentiaires anglo-français venus à Tien-Tsin pour traiter.

SECTION II.

Affaire de Kouang-Tcheou-Wan (1898).

Toutes les concessions territoriales que les puissances européennes ont demandées à la Chine et qu'elles ont du reste obtenues sont le résultat de l'occupation de Kiao-Tcheou par les Allemands.

Le 1er novembre 1897, deux missionnaires appartenant à des missions catholiques françaises, mais de nationalité allemande, étaient massacrés dans la province de Chan-Tong; l'Allemagne, qui n'attendait qu'une occasion pour apparaître sur le théâtre de l'Extrême-Orient, s'empressa de prendre ce prétexte pour demander réparation à la Chine.

Des vaisseaux furent envoyés, des troupes furent débarquées et le port de Kiao-Tchéou fut occupé de vive force. Le gouvernement chinois qui n'avait pu s'opposer à ce coup de main, prit le parti de céder à bail à l'Allemagne, pour quatre-vingt-dix-neuf ans, tout le golfe de Kiao-Tcheou, dans la province de Chan-Tong (6 mars 1898).

La Russie, à qui la Chine avait demandé aide et protection, s'empressa d'envoyer une flotte occuper un point de la côte du Leao-Tong et s'installa à Port-Arthur et dans la baie de Talien-Wan (15 mars 1898), pour lesquels elle obtint un bail de vingt-cinq ans, avec faculté de prolongation d'un commun accord.

L'Angleterre, émue des progrès incessants que faisait la Russie dans le nord de l'empire chinois, et jouée par la diplomatie de l'Allemagne et de la Russie, réclama auprès du gouvernement chinois et obtint la cession à bail de la seconde sentinelle du Tche-Ly, le port de Weï-Hai-Weï, (4 avril 1898).

Pendant ce temps, que faisait la France? « Notre diplomatie ne restait pas inactive et ne laissait pas échapper l'occasion de s'assurer les garanties nécessaires au développement économique et à la pleine sécurité du Tonkin. » (1)

Dès la fin de l'année 1894, notre ministre des Affaires étrangères avait réclamé une délimitation définitive de la frontière sino-tonkinoise; après bien des pourparlers entre M. Gérard, ministre de la République à Pékin et le Tsong-Li-Yamen, deux conventions de délimitation et de commerce étaient signées le 20 juin 1895.

Par la première convention, nous acquérions pour notre colonie d'Indo-Chine les territoires de Muong-Hou, de Hou-Te et de Pa-fa-Tchaï, et pleine satisfaction sur tous les autres points de la frontière.

Par la convention de commerce en date du même jour, le gouvernement français avait le droit d'avoir un consul à Tong-Hing; les villes de Long-Tcheou et de Mong-Tse dans la province du Yunnan, étaient ouvertes au commerce français, ainsi que Sse-Mao et nous avions la faculté d'y entretenir des consuls; de plus les marchandises à destination de la Chine pouvaient être transportées aussi bien par la voie fluviale que par la voie terrestre; nous avions la promesse que l'exploitation des mines du Yunnam, du Kouang-Si et du Kouang-Tong serait confiée à des ingénieurs français et que les chemins de fer annamites seraient prolongés sur le territoire chinois.

---

(1). Discours de M. Hanotaux à la Chambre des députés.

Après la guerre sino-japonaise, le gouvernement chinois se préoccupa de remettre en état l'arsenal de Fou-Tchéou, et ce fut à des ingénieurs français qu'ils s'adressa pour l'accomplissement de ce travail.

La Chine avait ouvert le Si-Kiang au commerce étranger. M. Hanotaux, avec beaucoup de fermeté, fit exiger des compensations qui nous furent accordées le 12 juin 1897 et qui consistèrent en ceci : la quasi-promesse de concéder à une Compagnie française la voie ferrée de Long-Tchéou à Nanning et à Pe-Se, et d'entreprendre des travaux pour améliorer la navigation du haut Si-Kiang.

Mais toutes ces concessions constituaient peu de choses auprès de toutes celles que l'Allemagne, la Russie et l'Angleterre venaient d'obtenir dans le nord de la Chine ; en présence des privilèges considérables accordés à ces puissances à Kiao-Tcheou, à Port-Arthur et à Weï-Haï-Weï, M. Hanoteaux exigea de nouvelles compensations le 7 mars 1898 et demanda :

1° Un engagement envers la France de ne jamais aliéner au profit d'une autre puissance, soit à titre définitif ou provisoire, soit à bail, soit à titre quelconque, aucun point des provinces du Yunnan, du Kouang-Si, du Kouang-Tong, ou de l'ile de Haï-Nan ;

2° La concession pour le gouvernement français ou pour une Compagnie française d'une ligne de chemin de fer devant conduire du Tonkin à Yun-Nan-Fou ;

3° La cession à bail pour quatre-vingt-dix-neuf ans de la baie de Kouang-Tcheou-Wan avec le droit d'y établir une station navale et dépôt de charbon ;

4° La promesse de donner toujours à un Français la direction des postes, lorsque le gouvernement chinois organiserait ce service.

Le 4 avril 1898, la première de ces demandes était

accordée par le Tsong-Li-Yamen et les trois autres furent l'objet d'une convention signée le 10 avril.

Tout ce que nous avions demandé nous était donc accordé, malgré les menaces de l'Angleterre, qui voyait avec peine la France augmenter son influence sur les provinces du sud de l'empire.

Les quatre compensations que M. Hanotaux avait exigées répondaient exactement à quatre concessions qui avaient été données à l'Angleterre peu de temps auparavant.

L'Angleterre avait exigé et obtenu la promesse qu'aucun point de la région du Yang-Tse-Kiang ne serait aliéné au profit d'une autre puissance ; nous avions la même promesse pour les provinces limitrophes du Tonkin. Des syndicats anglais s'étaient fait concéder des voies ferrées aux environs de Nan-King et des mines dans le Chan-Si ; nous obtenions la ligne du chemin de fer du Tonkin à Yunnan-Fou.

Weï-Haï-Weï avait été cédé à l'Angleterre pour vingt-cinq ans; nous avions Kouang-Tcheou-Wan pour quatre-vingt-dix-neuf ans. Enfin l'Angleterre avait l'assurance que le directeur général du service des douanes serait toujours un Anglais ; nous obtenions celle que toujours ce serait un Français qui aurait la direction du service des postes.

Un mois plus tard, en mai 1898, le gouvernement chinois accordait à une Compagnie française la concession de tous les chemins de fer ayant pour point de départ le port de Pa-Khoï. Le choix de la baie de Kouang-Tcheou-Wan a été vivement critiqué ; on a reproché notamment à M. Hanoteaux de n'avoir pas demandé la cession à bail de Pa-Khoï, de Amoy, ou de l'ile de Haï-Nan. On a dit de la baie de Kouang-Tcheou-Wan qu'elle était difficile d'accès à cause des brisants qui parsèment les passages qui y conduisent, des bancs de sable qui obstruent le canal; on a dit aussi qu'elle était trop en dehors des grandes lignes maritimes d'Extrême-Orient pour devenir un bon port de relâche, qu'elle était inaccessible aux grands navires et qu'il faudrait y dépenser bien des millions pour en améliorer la rade. Toutes ces critiques possèdent certainement un fonds de vérité, mais elles sont très exagérées. Ce que n'ont pas vu ceux qui ont déploré ce choix, c'est que la baie constitue un fort bon mouillage, à l'abri des vents, facile à garder à cause du peu de largeur de ses issues et que, de plus, une rivière se jetant dans la baie, on pourra transporter à peu de frais tous les produits de cette région du Kouang-Tong.

Le port de Pa-Khoï, qui est assez important, il est vrai, ne nous aurait pas été plus utile, car il est trop rapproché du Tonkin; il n'est pas plus sur la route des Compagnies de navigation que Kouang-Tcheou-Wan. — Amoy nous aurait certes procuré de plus grands avantages, mais c'était un trop gros morceau à exiger, et jamais le Japon, installé en face dans l'île de Formose, ni l'Angleterre n'auraient pacifiquement consenti à laisser la France y prendre pied.

Quant à l'île de Haï-Nan, et au port de Kioung-Tcheou qui s'y trouve, il aurait fallu, après l'avoir reçue des mains des Chinois, la conquérir encore sur les habitants, qui constituent une population très belliqueuse, toujours révoltée, et nous nous y serions préparé peut-être de fâcheux déboires.

Notre ministre à Pékin, M. Pichon, demanda au Tsong-Li-Yamen, le 4 juin 1898, que la délimitation des territoires cédés se fît le plus tôt possible; il déclara que la mauvaise volonté du vice-roi de Canton nous obligerait vraisemblablement à occuper de vive force les points principaux du territoire que nous étions en droit de réclamer. Dans un projet qu'il remit le jour même au Tsong-Li-Yamen, il réclama les îles de Tong-Haï et de Nao-Tcheou et une bande de terrain, sur le Leï-Tcheou et le Kao-Tcheou, enserrant toute la baie de Kouang-Tcheou-Wan; le territoire serait gouverné et administré par la France seule, qui pourrait y élever des forts et y tenir garnison; de plus la France pourrait construire un chemin de fer qui irait d'un point quelconque de la baie à Ompou.

Peu de temps après, nos soldats furent attaqués par des bandes de réguliers chinois; aussitôt les points principaux du territoire furent occupés par nos troupes. Le mauvais vouloir du vice-roi de Canton devint de plus en plus flagrant et il organisa lui-même la rébellion pour empêcher la prise de possession. Plusieurs fois nos soldats furent attaqués par des miliciens chinois. En novembre 1899, deux de nos officiers furent même assassinés à Men-Tao; aussitôt l'amiral Courrejolles retint le sous-préfet comme otage.

La convention de délimitation fut signée le 17 novembre entre le général Sou et l'amiral Courrejolles. Le vice-roi de Canton fut destitué et remplacé par Li-Hong-Tchang; l'exploitation des mines du Leï-Tcheou, du Lien-Tcheou et du Kao-Tcheou nous fut accordée, ainsi que la concession du chemin de fer à destination de Ompou; le sous-préfet coupable fut dégradé et une indemnité de 200.000 francs fut donnée aux familles des deux officiers massacrés; les meurtriers furent exécutés. Le 25 décembre 1899, nous avions donc obtenu pleine satisfaction sur tous les points.

SECTION III

Affaire de Chang-Haï (1899).
Négociations pour les missions et concessions.

Les Chinois ont ceci de particulier qu'en quelque lieu qu'ils soient au moment de leur mort, il veulent toujours être enterrés dans le pays où ils sont nés.

A Chang-Haï, dans la concession française qui avait été accordée par la Chine en 1849, il existait un terrain en 1898 où les gens de Ning-Po, qui sont nombreux à Chang-Haï, prirent peu à peu l'habitude de déposer leurs cercueils, avant l'embarquement pour le pays natal. L'administration municipale s'était toujours refusée à reconnaître la légitimité de cette occupation et, le 6 janvier 1898, les dépôts mortuaires furent interdits dans les limites de la concession française et un délai de six mois fut donné pour l'enlèvement des corps déjà déposés. Malgré les démarches de notre consul, M. de Bezaure, ses avertissements ne furent pas pris en considération et, à la date indiquée, sous la protection d'une compagnie de débarquement, les brèches indicatrices des routes à percer étaient faites aux murs de la pagode de Ning-Po. Cette opération ne se fit pas sans résistance de la part des Chinois, qui eurent quelques hommes tués.

Le gouvernement chinois nous proposa de réaliser l'extension depuis longtemps projetée de la concession française, si nous renoncions à prendre possession de la pagode et des terrains environnants. Cette proposition fut acceptée à condition qu'elle fût faite à titre gratuit et que le dépôt des cadavres fût suspendu.

Les négociations relatives à cette affaire n'auraient pas rencontré d'obstacles si l'Angleterre, comme toujours, n'avait pas travaillé en sous-main. Lord Salisbury prit pour prétexte quelques réclamations de sujets anglais pour ordonner au ministre d'Angleterre à Péking de protester contre toute extension de notre concession à Chang-Haï, qui comprendrait des propriétés anglaises : c'était empêcher la réalisation de toute extension, si minime qu'elle fût (1).

---

(1) Il est intéressant de connaître le ton des dépêches du marquis de Salisbury au ministre anglais à Péking, au sujet de la demande d'extension présentée par le consul français de Chang-Haï.

Le 3 décembre 1898, lord Salisbury écrit ce qui suit :

« Le consul français est parti pour Nanking sur un navire de guerre français, dans le but d'obtenir par la force une grande extension de leur établissement à Chang-Haï. Il est urgent que des mesures immédiates soient prises pour empêcher l'augmentation de juridiction française, là où d'autres nationalités ont des intérêts considérables. »

Le 9 décembre :

« Pressez le gouvernement chinois de refuser l'extension de l'établissement français de Chang-Haï. »

Le 19 décembre 1898, sir Claude Macdonald télégraphiant au Foreign-Office au sujet de ses démarches, constate que le vice-roi de Nanking reçoit une aide morale dans sa résistance contre les menaces du consul français par le fait de la présence dans ce port de deux vaisseaux de guerre anglais.

Aussitôt le marquis de Salisbury demande à l'Amirauté d'en expédier un troisième.

Le 24 décembre, le premier ministre fait prévenir le Tsong-Li-Yamen que s'il refuse l'extension demandée par les Français, l'*Angleterre soutiendra effectivement la Chine.*

La dépêche du 3 janvier 1899, concernant les propositions faites par le gouvernement chinois à la France est tout à fait catégorique :

Le marquis de Salisbury à sir Claude Macdonald :

«..... Pour diverses raisons, la nouvelle proposition du gouvernement chinois est sujette à de fortes objections :

» 1° Avec ce projet, la propriété de sujet anglais est placée de fait sous le gouvernement français, et les met dans la position de se défendre comme ils pourront ;

» 2° En donnant au gouvernement français une nouvelle juridiction exclusive, le gouvernement chinois lui donne une faveur qu'il n'accorde pas à d'autres nations ;

Des négociations s'établirent cependant entre notre ministre à Péking et celui d'Angleterre et un arrangement fut décidé entre eux; mais cet arrangement fut désavoué par lord Salisbury qui, dans une lettre à M. Paul Cambon, ambassadeur de France à Londres, exposa les vues du cabinet britannique : il offrait une extension de beaucoup plus petite que celle que nous demandions; de plus tous les actes s'appliquant à des propriétés anglaises seraient enregistrés au consulat d'Angleterre; tous les règlements municipaux devaient être soumis à l'approbation du ministre d'Angleterre avant d'être applicables aux sujets anglais; les titres de propriété d'Anglais, reconnus valables par le consul anglais, seraient admis par les autorités françaises; les mêmes règles s'appliqueraient aux propriétés anglaises dans la concession française de Han-Keou.

Enfin, après d'actifs pourparlers entre lord Salisbury et M. Delcassé, par l'intermédiaire de M. Paul Cambon, le 21 janvier 1900, l'extension de la concession française de Chang-Haï était accordée sur les bases suivantes :

Les limites étaient celles arrêtées tout d'abord entre M. de Bezaure et le vice-roi. Les réclamations anglaises étaient admises à charge de réciprocité pour les Français

---

» 3° La proposition est en opposition avec l'engagement pris par le gouvernement chinois, l'été dernier, en ce qui concerne la non-aliénation à une autre puissance d'une parcelle de terrain quelconque situé dans la région du Yang-Tse.

» Le gouvernement de l'Angleterre doit donc se refuser absolument à donner son consentement à l'arrangement, et vous devez avertir le gouvernement chinois que l'octroi de pareille chose sera une violation des droits de ce pays.

» Vous ferez bien de demander à l'amiral d'envoyer encore un vaisseau à Chang-Haï. »

Tels sont les procédés amicaux de l'Angleterre. Lord Salisbury promet son son appui militaire à la cour de Péking, dans le cas où elle résisterait à nos légitimes revendications et l'on envoie quatre navires de guerre à Nanking pour exercer une pression sur le vice-roi avec lequel nous négocions.

(Extrait d'un article de M. Le Myre de Villers.)

qui résideraient sur un terrain faisant partie d'une extension future de la concession anglaise.

En même temps que les négociations étaient conduites par M. Pichon au sujet de notre concession de Chang-Haï, nous obtenions diverses réparations pour le meurtre ou la détention de plusieurs missionnaires français et belges, notamment le P. Fleury, le P. Chanès et le P. Delbrouck.

Les eaux intérieures de la Chine nous étaient aussi ouvertes, à la condition de suivre le règlement, d'ailleurs favorable, que le gouvernement chinois imposa.

Plusieurs ports, parmi lesquels Yo-Tcheou-Fou, Fou-Ning, Wou-Soung, Nanking et l'île de Tsing-Wang-Tao, étaient ausi ouverts au commerce européen.

CHAPITRE IV

LES CONSULS FRANÇAIS EN CHINE.

SECTION I

Attributions et immunités des consuls en général.

Les consuls sont des agents chargés de protéger les nationaux de leur pays qui sont établis à l'étranger.

Telle est la principale attribution du consul français entretenu par notre gouvernement dans les pays dit « de chrétienté ».

Remarquons dès maintenant que la dénomination « pays hors chrétienté » donnée aux États où nos consuls ont des attributions et des immunités plus étendues que dans les autres n'est pas juste; en effet, depuis le mois de juin 1899, le Japon a été mis au rang des pays de chrétienté, quoique n'en étant pas un.

Mais la protection des nationaux à l'étranger n'est pas la seule attribution importante du consul; il est aussi agent d'observation en ce sens qu'il doit donner a son gouvernement tous les renseignements soit commerciaux, soit politiques, qu'il peut obtenir sur l'État qui lui à donné l'exequatur (1).

---

(1) L'exequatur est l'acte par lequel le gouvernement de l'État où résidera le consul ordonne aux autorités du pays de le reconnaître et de lui laisser remplir ses fonctions.

Le consul est aussi chargé de légaliser les actes authentiques reçus à l'étranger par les autorités locales (1), de veiller à ce qu'aucun Français, en séjournant à l'étranger, ne puisse échapper au service militaire en France.

Il est aussi officier de l'état civil et est astreint à toutes les règles prescrites par le Code pour la rédaction des actes de l'état civil ; mais, à la différence du maire, dont la compétence et territoriale, le consul n'a en cette matière qu'une compétence toute personnelle et ne peut célébrer le mariage qu'entre deux Français.

Le consul a aussi des attributions notariales, et les actes passés devant lui ont en France force probante et sont revêtus de la force exécutoire ; par un acte passé devant lui, on peut établir une hypothèque conventionnelle sur les immeubles situés en France; le consul est compétent pour tous les actes qui peuvent être reçus en France par les notaires, mais cette compétence ne lui est accordée que pour nos nationaux, sauf exception en cas de convention consulaire passée entre la France et le pays où il réside (2).

Au point de vue judiciaire, le consul résidant en des pays « dits de chretienté » n'exerce la juridiction qu'exceptionnellement; en matière civile comme en matière criminelle, la justice locale est pleinement compétente, même lorsqu'il s'agit d'un procès entre deux Français ; le seul pouvoir qu'ait le consul dans ce dernier cas est d'être l'arbitre du litige si les deux parties le lui demandent, et la sentence

(1) Sans cette légalisation, l'acte authentique reçu à l'étranger n'aura pas force probante en France.

(2) Les principales conventions consulaires, qui reconnaissent au consul la compétence pour recevoir un acte devant produire effet en France et fait à l'étranger par un étranger, sont : celles de 1860 avec le Brésil, 1862 avec l'Italie, 1866 avec l'Autriche, 1876 avec la Grèce, 1878 avec la République du Salvador.

arbitrale qu'il aura rendue ne sera même pas exécutoire en France si elle n'est revêtue de la formule d'exequatur par le président d'un tribunal français.

Enfin le consul, qui doit protéger tout particulièrement les navires de commerce français voyageant à l'étranger, a certaines attributions relativement à l'arrivée, au séjour et au départ de ces navires ; il doit aussi s'occuper, en cas de naufrage d'un navire français, d'assurer le sauvetage de l'équipage et de la cargaison.

Le consul a, en outre, une prérogative très importante en ce qui concerne la marine de guerre, en ce sens qu'il peut, si la situation politique du pays l'exige, faire appel aux forces navales qui se trouvent en rade ; mais cette attribution est très délicate et ne doit être employée par le consul qu'avec beaucoup de modération.

Les immunités dont jouissent ordinairement les consuls sont les suivantes :

Pour les actes concernant leur fonction, le consul est inviolable ainsi que l'agent diplomatique, et échappe, par suite, au statut territorial ; le consul ne peut être, pour ces actes, poursuivi par la justice locale, et la seule ressource de l'État étranger est de lui retirer l'exequatur ou de solliciter son rappel ; de même les archives consulaires sont inviolables.

Mais *pour les actes personnels*, le consul est entièrement soumis au statut territorial ; par des conventions consulaires, il peut bénéficier de quelques faveurs en cas de crimes ou délits commis par lui (par exemple la dispense de prison préventive). Ordinairement, il est exempt des impôts directs, mais soumis aux impôts indirects ; et presque toujours les consuls ont le droit d'arborer à leur porte les armes de leur pays.

SECTION II

Situation exceptionnelle des Européens en Chine.

Les consuls européens en Chine ont des attributions et des immunités spéciales dont ne jouissent pas les consuls résidant dans les pays dits « de chrétienté ».

Ces attributions et immunités, qui sont d'une très grande importance, puisqu'elles donnent au consul résidant dans l'Empire du Milieu, un pouvoir plus étendu que d'ordinaire, peuvent s'expliquer par la situation exceptionnelle qui est faite aux étrangers dans ce pays (1).

Les raisons de cette situation exceptionnelle sont nombreuses, mais nous ne parlerons que des plus importantes :

L'état de barbarie dans lequel vivent, à nos yeux, les Chinois, a fait craindre à nos gouvernements que nos nationaux n'y fussent plus molestés, que la justice n'y fût pas aussi impartialement rendue que dans les pays européens.

On ne voulut pas que les Français établis en Chine pussent être jugés et condamnés par la juridiction locale d'après les lois en vigueur dans le pays ; mais, comme un criminel ne doit jamais être assuré de l'impunité, il

---

(1) Cette situation étant à peu près la même pour les étrangers résidant dans les États du Sultan, dans la Perse, le Siam et l'imanat de Mascate, nos consuls, dans ces pays, ont les mêmes prérogatives que ceux qui représentent la France en Chine.

fallait, ou créer des tribunaux mixtes comme ceux qui existent actuellement en Égypte, ou donner à des nationaux le droit de juger leurs compatriotes, et naturellement ce rôle devait échoir aux consuls qui ont, de ce fait, une influence plus grande.

Pour cela, il fallait que le gouvernement chinois abdiquât en partie la souveraineté territoriale dont sont si jalouses les puissances européennes. Les pays dits « de chrétienté » ne permettraient jamais qu'un étranger résidant sur leur territoire et ayant commis un crime ou un délit fût jugé par une autre juridiction que celle établie par eux; la Chine, intimidée par les troupes qui avaient infligé récemment à ses armées de si cuisants échecs, poussée aussi peut-être par un excès d'indolence et ne se souciant pas d'avoir à ce sujet de nouveaux motifs de discorde avec les puissances européennes, consentit cette atteinte à son pouvoir par le traité du 24 octobre 1844.

Les concessions françaises en Chine, dont la plus importante est celle de Chang-Haï, sont érigées en municipalités gouvernées par un conseil municipal. Cette concession de Chang-Haï a été acquise à la France grâce au dévouement et à la patriotique ardeur d'un consul français, M. de Montigny, qui, malgré les difficultés incessantes que lui créèrent les représentants en cette ville, de l'Amérique et de l'Angleterre, réussit à obtenir du gouvernement chinois, pour la colonie française, une concession de terrain au moins aussi avantageuse que celles accordées à ces deux puissances. En créant un conseil municipal, M. de Montigny avait décidé, pour assurer d'une manière durable l'influence française dans le pays, que les huit membres dont il était composé seraient exclusivement pris dans l'élément français. Mais un de ses successeurs modifia l'ordre de choses ainsi établi et admit les étrangers dans l'administration de la municipalité ; c'est ainsi que l'élément étranger parvint à dominer notre concession et à ruiner notre influence jusqu'en 1881, moment où M. de Freycinet prit à cœur de rendre aux Français, du moins en grande partie, la prépondérance qu'ils n'auraient jamais dû perdre ; et depuis 1881, le conseil municipal, quoique toujours composé d'un élément étranger et d'un élément français, compte maintenant quatre conseillers français et quatre étrangers ; le président du conseil est toujours un Français, nommé par le consul général, qui, président de droit, pourra lui déléguer le pouvoir ; de plus, le personnel de la municipalité, tant français que chinois, est justiciable du tribunal consulaire français, dont nous étudions plus loin la composition, la procédure et la compétence.

SECTION III

Immunités spéciales des consuls en Extrême-Orient et droit de juridiction.

§ 1er

IMMUNITÉS SPÉCIALES

L'autorité consulaire a changé de nature; elle avait primitivement un caractère municipal; le consul était élu par ses concitoyens résidant dans la même contrée. Aujourd'hui, au contraire, le rôle politique du consul en Extrême-Orient est devenu prépondérant. Ce fut le développement de l'idée de souveraineté territoriale qui occasionna cette importante modification.

C'est le 24 octobre 1844 que le traité de Tien-Tsin reconnut à nos consuls en Chine des prérogatives et des attributions spéciales.

Le plus souvent, en Chine, le consul, quoique placé directement sous l'autorité de notre ambassadeur, possède une certaine liberté d'action et peut rendre de grands services au point de vue diplomatique, parce qu'il est auprès du vice-roi de la province où il réside ce qu'est notre ambassadeur auprès du Tsong-Li-Yamen.

Le consul français en Chine jouit, en ce qui concerne sa situation personnelle, des immunités accordées ordinairement aux agents diplomatiques.

Dans l'*Esprit des lois*, Montesquieu a dit des agents diplomatiques : « Ils sont la parole du prince qui les envoie, et cette parole doit être libre... — Aucun obstacle ne doit les empêcher d'agir... on pourrait leur imputer des crimes, s'ils pouvaient être punis pour crimes ; on pourrait leur supposer des dettes, s'ils pouvaient être arrêtés pour dettes. » Il en est de même des consuls en Extrême-Orient.

Ont droit aux immunités diplomatiques, la personne du consul, sa famille et sa suite officielle.

Ces immunités sont très importantes. Ce sont : l'inviolabilité de la personne, qui a été reconnue de tout temps aux agents diplomatiques ; c'est cette inviolabilité qui oblige le gouvernement auprès duquel est accrédité l'agent diplomatique, à prendre les mesures nécessaires pour empêcher qu'aucune agression, aucune injure puisse l'atteindre, et à réprimer sévèrement les attaques dont pourrait être victime le représentant d'un d'un autre État ; cependant cette inviolabilité cesse lorsque l'agent s'est attiré *par sa faute* des injures ou voies de fait.

La demeure, les papiers, la correspondance et les courriers des consuls en Chine sont aussi inviolables ; et, sous aucun prétexte, l'autorité judiciaire du pays ne peut avoir le droit de pénétrer dans le consulat pour y opérer une arrestation ou une perquisition ; mais le consul, de son coté, ne doit pas profiter de cette immunité pour faire de sa demeure un asile aux malfaiteurs qui peuvent s'y réfugier et il doit livrer le coupable si la requête lui en est faite.

Le consul est exempt de la juridiction, tant criminelle que civile.

Il est exempt de tout impôt direct et cette exemption s'étend, par un sentiment de courtoisie, aux impôts indirects concernant la douane.

Enfin le consul jouit du libre exercice du culte.

On a conféré aux consuls français en Chine un pouvoir réglementaire, c'est-à-dire qu'ils peuvent faire des règlements de police obligatoires pour leurs nationaux en ce sens que ces règlements sont sanctionnés par des peines de simple police (1); cette sanction est du reste insuffisante, car des faits peu graves en France peuvent être quelquefois graves dans le pays et les nationaux coupables devraient être punis sévèrement.

Un droit très important conféré aux consuls par l'édit de juin 1778, et confirmé par l'ordonnance de 1836, est le droit de *haute police*. « Dans tous les cas qui intéresseront la politique ou la sûreté du commerce des nationaux, le consul pourra renvoyer un Français en France. » Ce droit est arbitraire, mais cet arbitraire doit être absolument maintenu: dans les pays où la population est portée à rendre responsable toute une colonie des actes violents commis par l'un de ses membres, il y a intérêt à faire disparaître un élément de trouble qui pourrait porter préjudice à toute la colonie; et si nos consuls n'avaient pas ce droit d'expulsion, il faudrait le reconnaître aux autorités locales, ce qui serait pire. — Ce droit de haute police est très fréquemment utilisé dans la pratique, mais dans un but qui n'a rien de politique: un Français, par exemple, ayant commis en France un crime ou un délit, se réfugie dans une ville chinoise où réside un consul français; le consul le fait arrêter et expédier en France pour y être jugé; c'est un procédé tout contraire à celui de l'extradition et il ne faut pas confondre les deux choses.

Les consuls ont à leur disposition des gardes indigènes pour faire exécuter leurs décisions.

(1) Un à cinq jours de prison et un à quinze francs d'amende.

§ 2.

DROIT DE JURIDICTION.

L'attribution spéciale, la plus importante dont soient revêtus nos consuls en Chine, est certainement le droit de juridiction sur les nationaux français.

Dans quel cas existe ce droit de juridiction ? Comme le droit de juridiction est une restriction apportée à la souveraineté territoriale, l'autorisation de l'empereur de Chine était nécessaire; cette autorisation nous a été accordée par les traités de 1844.

Comment fonctionne la juridiction consulaire? Cette question a été réglée par l'édit de 1778 et par l'ordonnance de 1836.

A. — *Justice civile et commerciale.*

La juridiction civile et commerciale est exercée par le tribunal consulaire ainsi composé :

Le consul ou son suppléant, président ; deux assesseurs, qui ont voix délibérative, choisis parmi les plus notables nationaux établis dans l'endroit ; le chancelier du consulat faisant fonction de greffier.

Le droit de juridiction n'appartient qu'au consul et jamais au vice-consul ; c'est une lacune fâcheuse.

Le tribunal consulaire peut être comparé à nos tribunaux de commerce en ce sens qu'il n'y a pas de ministère public et qu'il n'y a pas d'avoué.

Quant aux personnes, la compétence du tribunal consulaire s'étend à tous les Français et à tous les étrangers qui sont placés sous la protection de notre consul, soit à titre accidentel, soit à titre permanent : si les deux parties sont donc des Français ou des étrangers ainsi placés sous la protection française, le tribunal consulaire est compétent. Il est encore compétent, en vertu de la maxime « *actor sequitur forum rei* », si le demandeur est un étranger et si le défendeur est français, car la juridiction est toujours celle du défenseur. Quelquefois même des indigènes poursuivent des Français devant notre consul ; quoique ce soit en désaccord avec les stipulations du traité, le tribunal consulaire se déclare compétent.

Le tribunal consulaire est absolument incompétent lorsque c'est un demandeur français qui poursuit devant lui un défendeur étranger.

Quant aux faits, la compétence des tribunaux consulaires est absolument la même que celle du tribunal de première instance en France, c'est-à-dire 1.500 francs en matière personnelle et mobilière.

Il résulte de là que le tribunal consulaire correspond à la fois à notre tribunal de commerce et à notre tribunal de première instance.

Quant à la procédure, elle consiste simplement en une requête au consul de la part du demandeur, en une signification par le chancelier au défendeur de l'action intentée contre lui et en un jugement qui peut donner occasion à une interjection d'appel devant la cour de Saïgon.

B. — *Juridiction criminelle.*

En matière criminelle, le consul joue le rôle de juge d'instruction ; il peut faire arrêter le coupable et procéder à des interrogations.

Les dépositions écrites des témoins sont d'une grande importance car, dans ce cas, elles ont une entière valeur ;

mais pour assurer la sincérité des témoignages, le consul a recours à deux procédés spéciaux : le *recollement*, qui consiste à lire au témoin sa déposition au bout d'un certain temps et à lui demander s'il la maintient ; et la *confrontation* des témoins et de l'inculpé.

Si le fait dont s'est rendu coupable le Français accusé constitue un crime, le tribunal consulaire rend contre lui une ordonnance de prise de corps et le renvoie à la cour de Saïgon où il est jugé.

Pour les délits, ils sont jugés par le tribunal consulaire qui correspond alors à notre tribunal de police correctionnelle.

Pour les contraventions de simple police, le consul statue seul et souverainement et applique les peines édictées par nos lois.

Les consuls jouissent de la faculté spéciale de pouvoir, lorsque l'emprisonnement a été prononcé, convertir la peine en amende et cela pour plusieurs raisons : d'abord souvent l'emprisonnement aurait un caractère plus grave et produirait des conséquences plus désastreuses que s'il était subi en France ; ensuite, dans la plupart des villes où résident nos consuls, ils n'ont pas à leur disposition les locaux nécessaires pour incarcérer les condamnés.

En matière criminelle, il est certain que les tribunaux consulaires ne peuvent réprimer que les infractions prévues par nos lois et d'après nos lois.

En matière civile et commerciale, on irait trop loin en disant que les tribunaux consulaires ne doivent appliquer que la loi française ; les tribunaux siégeant en France doivent eux-mêmes tenir compte des législations étrangères à plus forte raison les tribunaux consulaires le devront-ils aussi.

CHAPITRE V

LES FINANCES CHINOISES PAR RAPPORT A LA FRANCE

Les monnaies métalliques sont connues en Chine depuis les temps les plus reculés. C'est au XIe siècle que l'on voit apparaître pour la première fois les sapèques et les taëls. Autrefois un taël valait 7 fr. 50, mais maintenant il ne vaut plus que 3 fr. 75 c. à 4 francs. Pour un taël il faut mille sapèques. Le métal argent n'existe presque pas sous la forme monnayée; mais on s'en sert en lingots qui servent quelquefois à payer. Le gouvernement chinois convient, du reste, très bien que son système monétaire est très imparfait.

En Chine, et surtout dans les provinces du Sud, les impôts sont perçus, partie en numéraire, partie en nature, C'est un système très simple et très commode, qui s'adapte bien aux habitudes patriarcales du pays; le gouvernement n'est pas non plus gêné de cette manière de faire, car il paie les appointements des fonctionnaires, moitié en deniers et moitié en nature. S'il y a un surplus de grain dans les recettes, on le met dans des greniers pour les distribuer au peuple dans les années de disette.

L'impôt qui rapporte le plus au gouvernement chinois est l'impôt foncier; la terre n'est pas imposée d'après ce qu'elle rend, mais d'après son étendue et la nature des cultures qui lui sont propres. L'État ne vend jamais les terres incultes, il les donne à qui veut les prendre, à charge, pour ce dernier, de payer l'impôt proportionnel et de s'engager à toujours les cultiver. L'impôt foncier est le seul impôt direct important qui existe en Chine.

Parmi les impôts indirects, ceux qui forment la plus grande source de revenus sont les douanes maritimes organisées et administrées par des Européens dont la majorité, il faut le dire, est anglaise; les douanes inté rieures ou li-kin qui frappent les marchandises voyageant en Chine ; les douanes indigènes, les impôts sur le sel, sur les licences, le timbre, le thé, etc.

Le commerce, l'industrie et les arts ne sont pas imposés directement.

C'est le Hou-Pou, ou Ministère des Finances, qui est chargé de recevoir les impôts, mais c'est l'autorité communale qui dresse les rôles d'impôts; ces rôles sont vérifiés par le chef-lieu de canton; lorsque cette vérification est achevée et que le rôle dressé par la commune est accepté, c'est encore le village qui perçoit l'impôt et qui le verse à la préfecture. L'impôt passe ainsi par toute la filière administrative et parvient au trésor impérial, considérablement amoindri par les mandarins entre les mains desquels il est passé.

Le chiffre approximatif des recettes en deniers en Chine est de 621 millions ainsi répartis :

Impôt foncier.	Fr.	243.000.000
Douanes maritimes		115.000.000
Douanes intérieures (li-kin)		153.000.000
Impôt sur le sel.		40.000.000
Monopoles		70.000.000
	Fr.	621.000.000

La Chine a été très longue à accepter notre système européen de dettes publiques. Il y a une cinquantaine d'années, la Chine n'avait encore aucune dette; après avoir payé toutes les dépenses de leur province, les vice-rois envoyaient le surplus au trésor central qu'alimentaient aussi les douanes maritimes.

Le premier emprunt date de 1874; il fut de quinze millions et demi de francs à l'intérêt de 8 0/0. Cet emprunt ayant réussi, la Chine en fit un deuxième de quarante millions en 1878.

Après la guerre de 1894 avec le Japon, la Chine, pour payer l'indemnité de guerre exigée, dut contracter deux emprunts de 400 millions de francs chacun, qui furent demandés l'un à la Russie, l'autre à l'Angleterre et à l'Allemagne.

Bref, la dette extérieure actuelle de la Chine s'élève à plus d'un milliard et exige annuellement 80 millions pour l'intérêt et l'amortissement. Or, les douanes maritimes font environ une recette annuelle de 115 millions de francs; elles sont donc suffisantes pour garantir les intérêts des puissances qui ont prêté leur argent.

Il ne faut pas croire cependant que la Chine se trouve dans une situation financière très brillante; elle sera forcée d'ici peu de contracter de nouveaux emprunts, et l'étranger pour se créer des garanties auxquelles ne suffiront plus les douanes, se rejettera sur d'autres points et prendra probablement des territoires; il y a là un très grand danger pour l'indépendance de la Chine.

Sur les huit banques étrangères qui font des opérations en Chine, quatre sont anglaises, parmi lesquelles la plus importante.

Ce sont :

La *Hong-Kong and Chang-Haï Banking Corporation*, qui

est l'une des plus anciennes et dont la prépondérance est indiscutable. C'est la seule qui ait la faculté d'émettre des billets de banque, et elle est anglaise.

La *Chartered Bank of India, Australia and China*, qui est la plus ancienne de toutes, est aussi anglaise.

La *Mercantile Bank of India.*

La *Bank of China and Japan*, toutes deux anglaises comme les précédentes, mais moins importantes.

La *Deutsch Asiatische Bank*, allemande, fondée en 1890, et qui a déjà pris une très grande importance.

La *Yokohama specie Bank*, fondée en 1893 et protégée par le Japon.

La *Banque Russo-Chinoise*, créée par la Russie, grâce à l'apport de capitaux français; elle fut fondée en 1895 à cause de l'émission de l'emprunt chinois de 400 millions nécessité par le paiement au Japon de la première moitié de l'indemnité de guerre. Cette banque sert beaucoup à l'influence russe et permet à la Russie de réaliser ses conceptions dans le Nord de la Chine.

Enfin, la *Banque de l'Indo-Chine*, française, qui créa en 1898 une agence à Chang-Haï et qui pourra jouer dans le sud de la Chine à l'égard de la France le même rôle que joue la Banque Russo-Chinoise dans le Nord pour la Russie.

Ainsi, nous nous trouvons donc maintenant avoir en Chine des intérêts financiers considérables, nous qui ne connaissions la Chine, il y a cinquante ans, que par ouï-dire ou à peu près.

CHAPITRE VI

LE COMMERCE FRANCO-CHINOIS

SECTION I

Commerce général chinois.

Le commerce chinois, en progression constante depuis quelques années, était, en 1897, de 366 millions de taëls haï-kivan et rapportait aux douanes impériales environ 22 millions et demi de taëls; il montait en 1898 à 368 millions et demi de taëls et les douanes faisaient cette année-là une recette sensiblement égale à celle de l'année précédente; mais, en 1899, les revenus des douanes s'élevaient jusqu'à 26 millions et demi de taëls.

L'inspecteur général des douanes chinoises, sir Robert Hart, dans son dernier rapport sur le commerce chinois pendant l'année 1899, s'exprime en ces termes : « Le commerce extérieur de la Chine, pendant l'année 1899, a été caractérisé par un développement étonnant et commerçants indigènes ou étrangers ont dû réaliser dans chaque branche des profits considérables. La situation politique, quoique étant encore instable, ne donne lieu à aucune inquiétude; les échanges font preuve d'une grande activité; la culture du riz est des plus abondantes, et sauf la recrudescence de la piraterie dans l'ouest, aucun trouble n'a été apporté au commerce. Le résultat est que cette année bat, commercialement parlant, le record de toutes les autres années. Les recettes générales encaissées par les douanes chinoises ont été de 26.661.460 taëls soit 4.158.063 taëls de plus que l'an passé et 3.143.439 taëls de plus qu'en 1891, qui avait été la meilleure année commerciale. »

A quoi peut-on attribuer cette grande augmentation du commerce chinois? Certainement pour beaucoup aux nouveaux chemins de fer qui ont été mis en exploitation depuis quelque temps. Le trafic des deux grands ports du nord, Tien-Tsin et New-Chwang, a presque doublé grâce aux nouvelles voies de communication qui leur ont été ouvertes. La ligne russe qui va à Moukden et la ligne franco-belge qui va de Péking à Han-Keou ont, elles aussi, puissamment contribué au développement des régions qu'elles traversent.

En 1899, comme toujours, l'Angleterre arrive bonne première par le nombre et le tonnage de ses vaisseaux; sur 7.000 vaisseaux étrangers qui sont entrés cette année dans les eaux chinoises, il y en a environ 4.270 anglais, 900 japonais, 560 allemands, 350 français, 210 américains, etc.

Ce qu'il y a d'intéressant à remarquer, c'est l'énorme progrès que fait le commerce allemand, au détriment de l'anglais; en 1890, l'Allemagne n'avait qu'un vaisseau sur 100 entrant en Chine; aujourd'hui elle en a 8 pour 100, tandis que l'Angleterre, qui, en 1890, avait un pourcentage de 78 0/0, n'a plus maintenant que 61 0/0. La France n'a ni gagné ni diminué; elle est restée depuis la même époque entre 5 et 6 0/0. Le Japon, au contraire, a doublé depuis 1895; il avait, cette année-là, un pourcentage de 7 0/0, et maintenant il en a un de 13 0/0.

VALEUR ANNUELLE DU COMMERCE EXTÉRIEUR DE LA CHINE

ANNÉES	IMPORTATIONS (1)	EXPORTATIONS (1)	TOTAUX (1)	REVENUS des Douanes (1)	NAVIGATION (2)
1885	88,2	65,0	153,2	14,5	18,1
1886	87,5	77,2	164,7	15,1	21,75
1887	102,3	85,9	188,2	20,5	22,2
1888	124,8	92,4	217,2	23,2	22,3
1889	110,9	97,0	207,9	21,9	23,5
1890	127,1	87,1	204,2	22,0	24,9
1891	134,0	101,0	235,0	23,5	27,7
1892	135,1	102,5	237,6	22,7	29,4
1893	151,4	116,6	268,0	22,0	29,3
1894	162,1	128,1	290,2	22,6	29,6
1895	171,7	143,3	315,0	21,4	29,7
1896	202,6	131,1	333,7	22,6	33,5
1897	202,8	163,5	366,3	22,7	33,7
1898	209,5	159,0	368,5	22,5	34,2
1899				26,6	

(1) En millions de taëls haï-kwan.
(2) En millions de tonnes.

Répartition, par pays, des valeurs importées ou exportées

(1897-1898)

1897			1898		
PAYS	IMPORTATIONS (1)	EXPORTATIONS (1)	PAYS	IMPORTATIONS (1)	EXPORTATIONS (1)
Grande-Bretagne	38,2	13,0	Grande-Bretagne	34,0	10,9
Hong-Kong	85,2	60,4	Hong-Kong	95,2	62,0
Inde britannique	19,52	1,1	Inde britannique	17,1	1,3
Singapoore	2,8	1,8	Singapoore	2,6	2,1
Australie	0,08	0,5	Australie	0,2	0,9
Etats-Unis	12,4	17,8	Etats-Unis	15,2	12,0
Continent européen (Russie exceptée)	8,6	25,8	Continent européen (Russie exceptée)	9,4	26,0
Russie	3,4	16,5	Russie	1,7	17,8
Japon	20,6	16,6	Japon	25,4	16,1
Macao	3,5	5,9	Macao	3,3	5,3
Amérique britannique	6,5	0,3	Amérique britannique	1,9	0,4
Indo-Chine française	0,5	0,5	Indo-Chine française	0,9	0,8
Java et Sumatra	0,7	0,4	Java et Sumatra	1,4	0,3
Autres pays	0,8	2,8	Autres pays	1,2	3,1

(1) En millions de taëls haï-kwan.

RÉPARTITION, PAR PAVILLONS, DE LA NAVIGATION EN CHINE

des maisons de commerce et du nombre des résidents.

PAVILLONS	MILLIERS de TONNES — 1897	MAISONS DE COMMERCE		NOMBRE DE NATIONAUX RÉSIDENTS	
		1897	1898	1897	1898
Anglais	21,900	374	398	4929	5148
Américain	0,270	32	43	1564	2056
Allemand	1,660	104	107	950	1043
Français	0,420	29	37	698	920
Hollandais	0,016	6	8	81	87
Danois	0,140	4	3	147	162
Suédo-Norvégien	0,620	3	»	439	200
Russe	0,145	12	16	116	165
Autrichien	0,068	6	5	106	92
Japonais	0,660	44	114	1106	1694
Chinois	7,820	»	»	»	»
Divers	0,035	»	»	»	»

Le commerce chinois pourrait être plus prospère encore si des charges arbitraires fort lourdes, telles que le likin, ne pesaient pas sur les marchandises. M. P. Leroy-Beaulieu donne un exemple frappant des inconvénients du likin (1) : « Swatow, dit-il, est un port ouvert de la côte chinoise, entre Hong-Kong et Chang-Haï ; or, pour expédier aux environs de Chang-Haï certaines denrées produites à Swatow le moyen le plus économique consiste à les envoyer d'abord à Hong-Kong, territoire étranger, en acquittant un droit de sortie, puis de là à Chang-Haï, où l'on paie en premier lieu le plein droit d'entrée sur les marchandises considérées comme étrangères, et, en outre, une seconde taxe égale à la moitié de ce droit d'entrée, moyennant laquelle on obtient une passe de transit qui permet d'atteindre le lieu de destination sans avoir à subir de likin. Tous ces droits accumulés sont encore moindres que les likins qu'on aurait à payer si les marchandises étaient envoyées directement de Swatow à Chang-Haï et de là à destination comme produits indigènes. »

Heureusement les chemins de fer, en devenant de plus en plus nombreux, atténueront beaucoup les désagréments du likin, car ils rendront presque impossibles aux stations intermédiaires les exactions continuelles qui se produisent actuellement ; le Trésor impérial n'y perdra rien puisqu'il percevra la même somme nécessaire à ses besoins ; le commerce y gagnera beaucoup et seuls les mandarins concussionnaires perdront, car ils ne pourront plus augmenter leurs appointements aux dépens des négociants. Malheureusement il y a mauvaise volonté évidente non seulement chez les autorités locales, mais aussi chez le gouvernement central.

---

1) *Économiste Français*, 3 mars 1900 : « Les affaires de Chine ».

La France est un bon client pour la Chine puisque, sur 38 millions et demi de taëls qui composent la valeur du commerce franco-chinois, il y a 37 millions d'achats faits par la France, et seulement 1 million et demi de ventes. La plupart des achats faits en Chine par les négociants français portent sur la soie brute, qui est envoyée à Lyon pour y être travaillée, sur le coton brut, le thé, le riz et les porcelaines. La ville de Lyon fait à elle seule un commerce très actif avec la Chine, grâce à ses manufactures de soiries qui reçoivent d'Extrême-Orient des soies brutes et qui les y envoient travaillées.

Les raisons qui empêchent le développement de notre commerce avec la Chine sont multiples ; mais, en premier lieu, on doit mettre la routine de nos fabricants qui ne se soucient aucunement de ce qui peut plaire aux Chinois, pour les cotonnades, par exemple, qui pourraient être un des plus importants éléments de commerce, les Chinois veulent des tissus légers, bon marché, d'une certaine couleur et d'une certaine grandeur ; ils les veulent légers et bon marché pour n'avoir pas la peine de les laver et pour les jeter lorsqu'ils sont sales ; ils les veulent aussi d'une certaine grandeur et ornés de certains dessins : les négociants français n'ont jamais pu se résoudre à faire changer leurs machines ni à créer des tissus de qualité inférieure, il est vrai, mais meilleur marché ; aussi les Chinois dédaignent-ils nos tissus qui sont forts et résistants, mais chers, pour leur préférer les cotonnades anglaises, qui sont déjà usées lorsqu'elles sont sales, mais qui leur conviennent par le prix, la couleur et la forme.

Il y aurait un remède à cet état de choses : ce serait de créer des filatures en Indo-Chine, où la main-d'œuvre est très bon marché, et sur les 50 millions de taëls qui sont la part annuelle de l'importation des cotonnades en Chine, nous pourrions en prendre une honorable partie ; de plus nos maisons de commerce à Chang-Haï et dans les autres ports ouverts sont trop peu nombreuses, puisque nos lainages du nord sont forcés de passer par les mains des commerçants anglais, faute de maisons représentant en Chine nos grandes manufactures de Lille et de Roubaix.

Nos importations s'élèvent en Chine, avons-nous dit, à un million et demi de taëls ; sur cette somme, il y a 600.000 taëls de soieries; encore devons-nous prendre garde à la concurrence sérieuse que nous fait le Japon sur cet article; les soieries du Japon sont d'une qualité de beaucoup inférieure, mais elles sont admirablement travaillées et bien moins chères ; leur débit, du reste, augmente d'année en année.

La Chine exporte chaque année 100 millions de kilogrammes de thé, sur lesquels la France, qui est cependant en Europe un grand centre de distribution, n'importe que 500.000 kilogrammes.

La Chine manque d'outillage et ne pourra de longtemps se suffire à elle-même sur ce point ; nous aurions là un grand débouché pour nos métallurgies qui, trop souvent, traversent de pénibles crises dues au manque de commandes.

Enfin un des grands désavantages de la France en Extrême-Orient consiste dans le manque de marine et nos producteurs, tant français qu'indo-chinois, se voient forcés de faire transporter leurs produits en Chine par des Compagnies de navigation anglaises ou allemandes.

SECTION II

Mission lyonnaise (1896-97).

En 1843, lorsque M. de Lagrené fut envoyé en Chine par le roi Louis-Philippe, pour obtenir du Céleste Empire un traité de commerce analogue à celui qu'il avait signé avec l'Angleterre quelque temps auparavant, plusieurs Chambres de commerce françaises avaient envoyé, à la suite du plénipotentiaire français, des délégués chargés d'étudier les ressources que pourrait fournir la Chine au commerce français ; les Chambres de commerce de Lyon, de Lille, de Roubaix, de Marseille avaient participé à cette mission et en avaient tiré de grands avantages.

En 1895, la chambre de Lyon résolut de rééditer cette première tentative dans les provinces méridionales chinoises voisines de notre colonie d'Indo-Chine. Lille, Roubaix, Bordeaux, Marseille et Roanne se joignirent à Lyon et un immense effort, qui eut du reste pleine réussite, fut tenté dans cette voie.

Les divers buts que se proposaient la Chambre de commerce de Lyon et ses collaboratrices étaient les suivants :

1° Étudier la valeur économique de notre empire indochinois.

2° Parcourir les provinces chinoises du Yunnan, du Kouang-Tong, du Kouang-Si et du Tse-Tchouen pour en connaître les capacités de production et de consommation.

3° Rechercher quelle pourrait être la meilleure voie de pénétration en Chine par le sud.

4° Rechercher les moyens de donner au Tonkin tout le trafic actuel de Canton et de Hong-Kong.

5° Étudier sur place la valeur de l'influence anglaise dans le Yunnan, voisin de la Birmanie.

6° Étudier complètement la Chine économique en général.

On est en droit d'attendre beaucoup du Tonkin comme voie de pénétration en Chine.

Deux régions sont appelées à être desservies par le Tonkin : ce sont la moitié orientale du Yunnan et la partie occidentale du Kouang-Tong. Ces deux régions, peuplées ensemble de 10 millions d'habitants, donnent lieu à un commerce annuel de 30 millions de francs environ, ce qui, ajouté au commerce propre du Tonkin, ferait une moyenne de 65 à 70 millions de francs. Dans le Yunnan, le commerce est partagé entre trois parties bien distinctes :

Le Nord-Est qui opère ses échanges par la voie du Sse-Tchouen et du Yang-Tse-Kiang ; les matières commerciales sont surtout les cotonnades, l'opium et les métaux; le commerce n'atteint, dans cette partie du Yunnan, que 5 millions et demi de francs ;

L'Ouest, qui est alimenté soit par la haute Birmanie et Bahmo, soit par Sse-Mao et la basse Birmanie ; pour la première de ces deux voies, le commerce atteint environ 6 millions et demi pour les cotonnades et les soies grèges ; pour la seconde, c'est-à-dire Sse-Mao, il n'atteint que 500 et quelques mille francs et consiste presque entièrement en coton brut ; c'est aussi par cette dernière voie que se fait, sur une large échelle, la contrebande de l'opium ; le Tonkin pourra peut-être accaparer tout le commerce extérieur de cette dernière voie ;

Enfin le Sud-Est, de beaucoup le plus important, fait un commerce d'environ 12 millions, consistant en filés de coton, en thé, en opium et en métaux ; c'est Mong-Tse qui accapare presque entièrement le mouvement d'échanges de cette partie du Yunnan.

Pour faire pénétrer les marchandises en Chine, par le sud, il y a quatre voies importantes : celle du Yang-Tse, qui est la moins importante parce qu'elle ne peut desservir que le nord-est du Yunnan ; la voie chinoise de Pakhoï, par laquelle il y a 82 fr. 50 c. de frais pour le transport et le paiement des droits de 300 piculs (181 kilogrammes) de filés de coton, de la mer à Yunnan-Fou ; la voie anglaise de Birmanie, par laquelle les frais s'élèvent à 90 francs pour le même produit et la même destination ; enfin la voie française du fleuve Rouge, qui n'occasionne que 63 fr. 55 c. de frais aux mêmes conditions.

L'avantage reste donc incontestablement à la voie française du fleuve Rouge et doit de nouveau augmenter avec la construction des chemins de fer projetés.

Les principaux articles d'exportation du Yunnan sont actuellement l'opium, les métaux et le thé de Pou-Eûl, et bientôt, peut-être, les peaux et le bétail lui-même, qui trouverait de grandes régions où l'élevage pourrait être facilement pratiqué.

SECTION III

Voies ferrées et mines concédées à la France ou à des Compagnies française.

La France a obtenu du gouvernement chinois plusieurs lignes de chemins de fer dont les principales sont celles de Lao-Kaï à Yunnan-Fou, et celle de Langson à Canton.

La voie ferrée qui doit aller de Lao-Kaï à Yunnan-Fou passera par Mong-Tse et permettra au Tonkin d'écouler ses produits dans tout le Yunnan (1) ; elle constituera la route la plus courte certainement de la mer à la capitale du Yunnan, car d'Hanoï, les produits pourront remonter le Song-Koï jusqu'à Lao-Kaï, d'où ils seront envoyés à Yunnan-Fou par la voie ferrée susdite.

La ligne Langson-Canton est la continuation de la ligne déjà existante Hanoï-Langson (2) qui traversera la frontière sino-annamite pour gagner Long-Tcheou et qui passera ensuite par Nanning, Ou-Tcheou, Samchoui pour aboutir à Canton.

Ces deux principales voies seront réunies par un chemin de fer qui quittera la ligne Hanoï-Canton un peu au sud

---

(1) La concession de ce chemin de fer fut accordée à la France le 9 avril 1898.

(2) Le prolongement en territoire chinois jusqu'à Long-Tcheou de la ligne Hanoï-Langson fut accordé à la Compagnie française de Fives-Lille par un décret impérial en date du 20 mars 1896. Le prolongement de cette voie jusqu'à Nanning fut accordé le 12 juin 1897.

de Long-Tcheou et qui rejoindra celle de Lao-Kaï-Yunnan-Fou un peu au nord de Mong-Tse.

Enfin une autre voie sera construite entre le port chinois de Pakhoï et Nanning, mettant ainsi Pakhoï sous la dépendance indirecte de la France (1). Ces chemins de fer donneront donc à la France une très grande influence commerciale et stratégique sur le sud du Yunnan, sur toute la province du Kouang-Si et sur l'ouest du Kouang-Tong.

Il y a enfin une ligne de chemin de fer très importante qui a été concédée à un syndicat franco-belge et qui doit partir du Chin-Ting dans le Tche-Ly pour aboutir à Han-Keou sur le Yang-Tse-Kiang. Cette ligne, qui desservira les provinces les plus riches de l'empire, traversera le Tche-Ly, le Honan et le Hou-Pé en passant par Kaï-Fong. Lorsque l'Angleterre exigea du gouvernement chinois la promesse de n'aliéner à aucune autre puissance un point quelconque de la vallée du fleuve bleu, la concession de cette ligne franco-belge avait déjà été accordée, et si la France avait pu d'autre part obtenir la concession d'une autre ligne Canton-Han-Keou, l'influence anglaise dans le Yang-Tse aurait été coupée en deux par cette immense voie ferrée qui aurait eu Canton pour point de départ et Péking pour destination; c'était un sérieux danger pour la Grande-Bretagne et la France dut abandonner les velléités qu'elle avait eues de mettre la main sur la voie Canton-Han-Keou qui fut accordée à un syndicat américain.

Les mines, situées à l'est du Yunnan, et qui sont très riches en cuivre et en étain ont été presque toutes concédées à des syndicats français.

(1) La concession de cette ligne fut donnée à la France le 28 mai 1898.

CHAPITRE VII

CONCLUSION.

SECTION I

L'Allemagne dans le Chan-Tong.

L'Allemagne est installée dans le port de Kiao-Tchéou depuis le 6 mars 1898.

Qu'est-ce que Kiao-Tchéou ? Pour quelles causes l'Allemagne est-elle intervenue dans les affaires d'Extrême-Orient !

Kiao-Tchéou est un port situé dans la presqu'île du Chan-Tong qui s'avance dans le golfe de Pe-Tche-Ly, en face de la presqu'île mandchoue du Leao-Tong ; c'est une excellente position stratégique qui domine toute la province de Chan-Tong et qui commande l'entrée de la mer Jaune.

Les causes pour lesquelles l'Allemagne s'est emparée de Kiao-Tchéou par un coup de force sont multiples ; elle était jalouse des progrès que faisaient continuellement la Russie, la France et l'Angleterre en Chine ; son commerce se développant de plus en plus, il était tout naturel qu'elle cherchât un débouché pour ses produits, et quel champ d'exportation plus favorable que la Chine eût-elle pu trouver? Depuis une dizaine d'années, l'Allemagne fait à l'Angleterre, sur tous les marchés du monde, une énorme concurrence et, c'est triste à penser, s'il y a une nation en voie de supplanter l'Angleterre au point de vue commercial, ce n'est pas la France qui aura cet honneur, c'est le pays dont l'union ne date que d'hier, c'est l'Allemagne dont le jeune empereur Guillaume poursuit avec beaucoup de fermeté le projet d'en faire la première nation commerciale du globe.

Avant 1894, le commerce allemand en Chine et au Japon était plutôt médiocre ; mais depuis le traité de Shimonosaki, qui mit fin à la guerre sino-japonaise, on vit les mers de Chine se couvrir de vaisseaux battant pavillon allemand et les ports ouverts se peupler de manufactures et de maisons de commerce allemandes; il fallait, pour protéger ce commerce, acquérir une station navale et un dépôt de charbon ; c'est Kiao-Tchéou sur lequel l'empereur Guillaume jeta son dévolu.

Mais, pour donner à un coup de main au moins les apparences d'une cause juste, il fallait un prétexte, si minime qu'il fût. Ce prétexte fut trouvé le 1er novembre 1897.

A cette date, deux missionnaires, de nationalité allemande il est vrai, mais appartenant à une mission catholique française, furent massacrés dans la province de Chan-Tong ; après avoir attendu quelques jours pour voir ce qu'exigerait la France en compensation de ce meurtre, le gouvernement allemand envoya une flotte dans les mers de Chine qui s'empara du port de Kiao-Tcheou ; peu de temps après, un bataillon de troupes d'occupation était débarqué et prenait définitivement possession de la ville.

L'Europe fut stupéfaite de voir arriver en Chine un

nouveau compétiteur qui ne semblait pas vouloir entendre les représentations qu'on aurait pu lui faire : c'était la première fois qu'une puissance européenne mettait ainsi le pied effectivement sur le territoire chinois ; la stupeur fit bientôt place à la jalousie. La Russie d'abord, puis la Grande-Bretagne, puis enfin la France suivirent l'exemple que leur avait donné l'Allemagne et donnèrent libre cours à leurs convoitises.

Mais jusqu'en 1898, l'Allemagne possédait bien une ville et un morceau de territoire, mais cette possession n'avait pas été ratifiée par le gouvernement chinois; l'empereur Guillaume envoya alors à la cour de Pékin son propre frère, le prince Henri de Prusse.

Le prince Henri fut admirablement reçu par le Fils du Ciel, avec qui il eut un entretien particulier, ce qui constitue une faveur insigne, et un traité fut signé le 6 mars 1898 par lequel le port de Kiao-Tcheou était cédé à bail pour quatre-vingt-dix-neuf ans au gouvernement allemand, ainsi que toutes les îles et le territoire environnants; de plus, l'Allemagne avait la concession de deux lignes de chemins de fer importantes allant toutes deux de Kiao-Tcheou à Tsi-Nan.

SECTION II

Situation de la Russie dans le Leao-Tong et dans la Mandchourie.

Depuis longtemps, la Russie, qui possédait déjà Vladivostock, désirait avoir un autre port en Chine qui ne fût pas, comme ce dernier, encombré de glaces pendant une grande partie de l'année. Ces glaces immobilisaient sa flotte d'Extrême-Orient et ne pouvaient lui permettre de défendre activement les côtes de la Sibérie orientale. Elle résolut dès lors de se faire l'amie du gouvernement chinois et d'obtenir de bonne volonté par sa grâce insinuante ce qu'elle ne voulait pas prendre de vive force.

En 1898, lorsque l'Allemagne s'empara de Kiao-Tcheou, le gouvernement russe réussit à faire accepter aux Chinois ses bons offices et, sans avoir fait grand'chose pour la Chine, obtint à bail la baie de Talien-Wan et Port-Arthur.

Depuis ce moment les concessions de chemins de fer dans la Mandchourie furent accaparées par la Russie et maintenant cette puissance, par ses chemins de fer qui traversent toute la Mandchourie pour arriver à Port-Arthur, par ses concessions territoriales, a la haute main sur toute la Chine septentrionale et s'achemine peu à peu sur le Pe-Tche-Ly, qui est destiné, lui aussi, à devenir une dépendance plus ou moins directe de l'empire russe.

Le commerce russo-chinois n'est pas, il est vrai, très élevé; il n'atteint guère que 80 millions, mais ce n'est pas par le commerce que la Russie étend habituellement son influence sur un pays; c'est par l'occupation immédiate.

Le chemin de fer transsibérien, qui auparavant devait côtoyer la frontière sino-russe, a obtenu l'autorisation du gouvernement chinois de traverser la Mandchourie tout entière et d'aboutir à Talien-Wan. Le gouvernement russe peut aussi faire garder la ligne ferrée par des troupes, ce qui constitue pour lui une force immense; il possède là toute une armée qui se jettera sur le pays aussitôt qu'elle en recevra l'ordre, c'est-à-dire aussitôt que l'Angleterre fera mine de s'annexer une partie assez importante de l'empire chinois.

Ce qui irrita surtout l'Angleterre, c'est l'affaire du chemin de fer de Newchwang : Newchwang est un port ouvert au commerce étranger et situé au nord-est de Péking; c'est actuellement le débouché le plus important de toute la Mandchourie et la Hong-Kong and Schanghaï Banking Corporation demanda au gouvernement chinois la concession d'un chemin de fer de Newchwang à Shang-Haï-Kwan; par là Péking aurait été relié au chemin de fer transsibérien, et une Compagnie anglaise aurait détenu cette ligne, ce qui aurait beaucoup gêné la Russie. Aussi le ministre russe à Péking s'opposa-t-il à cette concession et la demanda pour la Banque Russo-Chinoise.

La Russie est donc actuellement la puissance qui a le plus d'influence directe en Chine; au point de vue commercial, l'Angleterre, il est vrai, a beaucoup plus d'influence, mais seulement à ce point de vue. Il y a une puissance qui tend de jour en jour à devenir plus grande et qui ne paraît pas vouloir seconder les progrès de la Russie dans le nord : c'est le Japon, qui cherche à s'emparer de la Corée, mais qui n'a pas encore pu y parvenir, à cause des empêchements qu'y a mis la Russie. Cependant le Japon qui, avant la guerre hispano-américaine, était l'allié des Anglo-Saxons n'a pas admis certains incidents tels que la prise par les Américains des îles Philippines qu'il convoitait et l'établissement des Anglais à Weï-Haï-Weï, où il comptait bien rester.

Tout dernièrement la Russie a encore essayé de s'établir en Corée, à Masampo, mais le Japon a jeté immédiatement les hauts cris : les négociations à ce sujet ne sont, du reste, pas encore terminées.

On a parlé d'une convention qui aurait été signée le 14 avril 1900 entre la Chine et la Russie, par laquelle le Tsong-Li-Yamen consentirait à la construction d'un chemin de fer entre Péking et Kia-Khta sous le contrôle de la Banque Russo-Chinoise. Si le fait est exact, l'importance stratégique de cette nouvelle ligne serait considérable.

SECTION III

Situation de l'Angleterre à Hong-Kong, Kao-Loung, dans le Yang-Tse, le Yunnan et à Weï-Haï-Weï.

Le 4 juillet 1840, l'Angleterre déclara la guerre à la Chine. Les causes de cette guerre étaient multiples; mais la principale était la suppression de l'opium en Chine.

Jusqu'en 1834, le commerce avec la Chine avait été réservé presque complètement à la seule Compagnie des Indes Orientales; mais en 1834, le privilège de la Compagnie était expiré et la liberté du commerce fut reconnue à tous les sujets britanniques, qui se livrèrent surtout à la contrebande de l'opium. Après plusieurs démêlés survenus entre le vice-roi de Canton et les négociants anglais les mandarins voulurent prendre une mesure radicale et firent incendier toutes les caisses d'opium qu'ils trouvèrent dans les factoreries anglaises; en même temps, la flotte chinoise essaya de s'emparer des navires anglais occupant le port de Canton : l'opération ne réussit pas et c'est cette tentative qui mit le feu aux poudres et qui servit de prétexte au gouvernement anglais.

Un corps d'occupation fut débarqué en Chine; les îles Chou-San furent prises ainsi que Canton, Amoy, Ning-Po et Chang-Haï. Les armées impériales furent battues à Tchin-Kiang et le gouvernement chinois fut contraint de demander la paix, qui fut signée le 29 août 1842.

Hong-Kong était cédée à l'Angleterre, qui avait par là

un point d'appui excellent pour ses flottes et qui pouvait désormais surveiller tout le commerce de Canton, et même peut-être créer un entrepôt dangereux pour le commerce de ce dernier port. L'Angleterre pouvait aussi importer l'opium, qui est un des grands facteurs d'importation en Extrême-Orient.

Mais l'appétit insatiable de la Grande-Bretagne n'était pas encore satisfait; aussi en 1856, d'accord avec la France, recommença-t-elle la guerre contre la Chine, qui, cette fois, dut signer le traité de 1860 (1). Lorsque les Français sortirent de Péking après la signature du traité de paix, lord Elgin, plénipotentiaire anglais, resta encore huit jours à Péking et réussit par une convention additionnelle à arracher aux mandarins effrayés la cession à bail d'une portion de territoire dans la presqu'île de Kao-Loung. Hong-Kong était devenue une très forte position militaire et les hauteurs de Kao-Loung étaient seules dangereuses pour le port anglais; aussi la cession de cette presqu'île fut-elle exigée par lord Elgin pour la plus grande sécurité de Hong-Kong. Les Français, comme toujours, s'étaient laissé tromper par la diplomatie fausse et déloyale de leur vieille ennemie, devenue pour un moment leur alliée, l'Angleterre.

En 1898, au moment de la prise de Kiao-Tchéou par la flotte allemande, l'Angleterre ne se montra pas trop émue et ne dit presque rien; mais aussitôt qu'elle apprit la nouvelle de l'occupation de Port-Arthur par les Russes, elle se répandit en invectives violentes contre l'alliance franco-russe et elle fut de nouveau hantée par le spectre de la triple alliance : France, Russie, Allemagne. Quoique brouillée avec la plupart des grandes puissances euro-

(1) Traité de Péking, 24 octobre 1860. — Voir au chap. III, section III § 2.

péennes qu'elle avait menacées, l'Angleterre réussit à conclure un traité avec la Chine qui lui promettait qu'aucun point des provinces du Yang-Tse-Kiang ne serait aliéné à une autre puissance. L'Angleterre ne réclamait aucune concession territoriale en compensation des opérations de Kiao-Tcheou et de Port-Arthur; elle n'en avait aucun besoin pour le moment et elle avait obtenu deux choses extrêmement importantes :

La neutralisation de la vallée du Yang-Tse qui ouvrait toute cette riche partie de l'empire aux marchandises européennes, c'est-à-dire aux marchandises anglaises, car seule l'Angleterre peut profiter immédiatement des avantages obtenus ; la promesse que toujours un Anglais occuperait le poste d'inspecteur général des douanes ; or comme ce poste correspond presque à celui de ministre des Finances chinoises, cette promesse équivalait à la mise en possession pour l'Angleterre de toutes les finances chinoises. L'Angleterre tenant donc les finances et les mandarins du Yang-Tsé, elle tenait la Chine tout entière.

La Russie répondit aussitôt par le traité du 15 mars 1898 qui régularisait, par une cession à bail, l'occupation de Port-Arthur.

On crut que la guerre allait éclater entre « la baleine et l'éléphant », suivant le mot de Bismark, la presse anglaise devenant de plus en plus agressive ainsi que le ton des discours officiels du gouvernement. Mais si la flotte anglaise pouvait être victorieuse sur les mers de Chine, que feraient ses faibles troupes de terre en face des régiments nombreux que la Russie jetterait en Mandchourie ? le sens pratique des Anglais prit le dessus et la guerre ne fut pas déclarée.

Mais l'Angleterre avait été humiliée dans son orgueil ; il lui fallait une revanche ; ce fut à Weï-Haï-Weï qu'elle la chercha, en mécontentant du reste les Japonais, qui croyaient bien toujours y rester, pour faire pièce eux-mêmes à Port-Arthur.

Weï-Haï-Weï n'est pas aussi favorable pour l'Angleterre que cette puissance ne l'a cru tout d'abord; pour rendre cette forteresse vraiment redoutable, il y faut un déploiement de forces et des dépenses auxquels l'Angleterre ne se résoudra pas facilement. De plus, elle a fait de redoutables mécontents: le Japon, qui croyait tenir Weï-Haï-Weï et qui fut forcé de l'évacuer pour le donner aux Anglais, et l'Allemagne, qui espérait avoir la domination exclusive sur le Chan-Tong.

L'Angleterre s'est donc trop hâtée et elle eût sûrement mieux fait de demander, au lieu de Weï-Haï-Weï, la concession exclusive de quelques points du Yang-Tse; elle eût ainsi laissé les Allemands et les Japonais surveiller la Russie dans le nord; elle eût fait ses affaires encore plus brillantes dans le centre, et elle eût toujours été assurée de l'acquiescement du Japon à une alliance anglo-japonaise, ce qui maintenant est d'autant plus problématique que le gouvernement russe se rapproche peu à peu du cabinet de Tokio.

Le Yunnan aussi a été convoité par l'Angleterre, mais elle n'a pas réussi là aussi bien que dans les autres parties de l'empire; elle a cherché à relier Calcutta au Yunnan pour accaparer le commerce de cette province; il y a même un projet de chemin de fer qui doit traverser la frontière sino-birmane, mais les difficultés matérielles sont immenses et il est douteux que ce projet aboutisse jamais.

SECTION IV

Le Japon et le Portugal à Formose et à Macao. Tentative de l'Italie sur la baie de San-Moun.

En 1894, la Chine jouissait encore dans le monde d'une grande réputation de force que n'avaient pu affaiblir ni la guerre de 1860, ni la conquête du Tonkin par la France en 1884.

Seul, le Japon, plus perspicace, avait remarqué la véritable faiblesse du colosse jaune et se préparait à la guerre pour augmenter son domaine insulaire, qu'il ne trouvait plus suffisant.

Depuis longtemps déjà, la Corée était un sujet de discorde entre les deux empires qui voulaient chacun avoir la prédomination dans la cour de Séoul.

Les Japonais avaient confié la réorganisation de leur armée et de leur marine à des officiers européens qui en avaient fait une force imposante. Les affaires d'Asan et du Koshung fournirent au Japon le prétexte qu'il cherchait depuis si longtemps et la guerre fut déclarée le 1er août 1894. La guerre sino-japonaise ne fut qu'une longue série de victoires à l'actif du Japon, tant sur mer que sur terre, et la Chine se vit obligée de demander la paix.

Le Japon, se souvenant des leçons qu'il avait puisées à l'école de Bismark, proposa un traité de paix fort onéreux pour la Chine, que cette dernière puissance dut accepter; les

Japonais réclamèrent une indemnité de guerre de deux milliards; la cession de Formose, des Pescadores, d'une partie de la Mandchourie avec Port-Arthur, l'indépendance complète de la Corée et la création d'une sorte de Zollverein sino-japonais. Ces conditions étaient déjà acceptées par la Chine lorsque la Russie tout à coup s'entendit avec la France et l'Angleterre pour rabattre les intentions trop ambitieuses du vainqueur; la Russie exigea le retrait immédiat des troupes japonaises de Corée et l'empire du Soleil-Levant dut s'incliner devant la volonté russe.

Les clauses du traité de Simonosaki furent changées et le Japon n'obtint plus que l'indépendance complète de la Corée, le paiement d'une indemnité de 800 millions, la cession de Formose et des Pescadores, l'occupation temporaire de Weï-Haï-Weï.

Cette paix ainsi conclue était « aussi honorable pour la Chine qu'humiliante pour l'amour-propre japonais » (M. de Lanessan).

C'est pourquoi le Japon garda longtemps rancune aux puissances européennes en général et à la Russie en particulier.

Dans toute cette affaire, la diplomatie britannique avait été bernée par la Russie qui avait amené le gouvernement anglais à faire ce qu'elle voulait.

Le Japon essaya un moment de se retourner vers une alliance avec l'Angleterre, mais il y renonça bien vite lorsqu'il s'aperçut que, dans une telle alliance, il n'aurait qu'un rôle de satellite et qu'il ne servirait qu'à appuyer les projets d'une puissance égoïste sans pouvoir attendre d'elle rien de sérieux.

Après la signature du traité, la Russie voulut donner un semblant de revanche à l'orgueil blessé des Japonais et leur proposa de placer la Corée sous la protection de leurs deux gouvernements; cette proposition fut acceptée avec empressement par le Japon.

Mais, en 1897, la Russie avait fait de tels progrès en Corée et en Chine même que le Japon en prit ombrage et chercha de nouveau à contrebalancer la puissance russe par la conclusion d'une alliance anglo-japonaise; cette alliance aurait peut-être abouti, si, à ce moment même, il ne se fût pas passé en Chine les importants événements qui résultèrent de l'entrée en lice de l'Allemagne dans l'Extrême-Orient.

Nous avons vu comment l'occupation de Kiao-Tcheou par les Allemands occasionna celle de Port-Arthur par les Russes et celle de Weï-Haï-Weï par les Anglais; le Japon resta quelque temps simple spectateur des événements et n'obtint pour toute compensation de la part de la Chine que la promesse de ne jamais aliéner à aucune autre puissance un point quelconque de la province située en face de l'ile de Formose, le Fo-Kien.

L'ile de Formose, qui n'avait été habitée, pendant toute l'occupation chinoise, que par une population insoumise et adonnée à la piraterie, fut mise en valeur par les Japonais, et maintenant, avec ses mines très riches en houille et en pétrole, elle forme une des plus belles provinces de l'empire japonais, qui cherche de plus en plus à s'étendre vers le sud.

Malheureusement ces velléités d'extension vers le sud furent détruites en partie par le traité de Paris qui mit fin à la guerre hispano-américaine et qui octroya aux Etats-Unis les Philippines, depuis si longtemps convoitées par le Japon. C'est de ce moment que date le refroidissement diplomatique entre les États-Unis et le Japon.

Le Portugal possède aussi une parcelle de terrain en Chine; c'est même le premier pays qui ait reçu du Céleste-

Empire, comme possession directe, une ville chinoise : cette ville c'est Macao, qui fut autrefois un port très important, mais qui est maintenant supplanté par Hong-Kong et Canton.

L'année 1899 a failli ajouter un nouveau compétiteur à tous ceux qui convoitaient déjà une partie de l'héritage chinois; l'Italie prétendit un moment se faire concéder à bail pendant quatre-vingt-dix-neuf ans la baie de San-Moun dans la province de Tche-Kiang, dans le dessein d'y créer un dépôt de charbon et une station navale. On se demande ce que cette nation venait chercher en Chine, où l'on a besoin de capitaux, mais non pas d'émigrants; quoique soutenu par la Grande-Bretagne, le gouvernement italien essuya un refus formel; il abandonna alors sagement son idée d'établissement en Chine et il ne reste plus face à face dans le Céleste-Empire que la Russie, l'Angleterre, la France l'Allemagne, le Japon et les États-Unis.

SECTION V

CONCLUSION.

Quelles sont donc les puissances que doit craindre la France en Chine ?

Ce n'est pas la Russie, qui ne convoite que le nord du Céleste-Empire et qui est du reste unie à notre gouvernement par une alliance qui sert tous ses intérêts ; ce n'est pas l'Allemagne, qui est installée dans le Chan-Tong loin de notre colonie d'Indo-Chine ; ce n'est pas le Japon, ce ne sont pas les États-Unis ; une seule est redoutable, une seule est malveillante, et celle-là, c'est l'ennemie héréditaire de la France, c'est l'Angleterre que nous avons toujours trouvée en face de nous dans les questions coloniales et bien souvent dans les questions continentales ; c'est notre ancienne adversaire de la guerre de Cent Ans et des guerres du XVIIe siècle, c'est la geolière de Napoléon Ier. Si par moments elle est devenue notre alliée, ce fut pour nous berner et l'on sait ce qu'on a pu tirer de notre entente avec elle sous Napoléon III.

L'Angleterre a des convoitises énormes : elle veut l'Afrique, du Cap à Alexandrie, et c'est pourquoi elle a poussé les républiques sud-africaines à la guerre inique qui se déroule en ce moment ; elle veut la Chine presque tout entière avec ses 400 millions de clients ; elle possède Suez, le vestibule de l'Extrême-Orient. Depuis longtemps, elle a étudié ce que pourrait lui rapporter le système des zones d'influence en Chine : la Russie aurait le Nord, l'Allemagne le bassin du Hoang-Ho, la France le Sud de l'Empire, c'est-à-dire la partie la plus pauvre, et l'Angleterre tout le reste de la Chine : c'est certainement une possession qui n'est pas à dédaigner, ce reste de l'Empire qui comprendrait toute la fertile vallée du Yang-Tse, les mines productives du Chan-Si, et la partie de côtes la plus commerçante ; aussi se résoudrait-elle assez facilement aux abandons nécessaires qu'elle devrait faire aux autres puissances européennes.

Mais l'Europe continentale ne doit pas permettre la satisfaction de telles exigences : la Russie est l'amie de la France ; l'Allemagne est bienveillante, car elle cherche depuis plusieurs années avec notre pays un rapprochement qui lui donnerait de grands avantages commerciaux ; l'Amérique a été satisfaite des bons offices de la France lors de la guerre hispano-américaine. La France a donc un grand rôle à jouer en Extrême-Orient si notre gouvernement le veut bien.

L'amitié avec la Russie, l'entente amicale avec l'Allemagne et les États-Unis, qui pourrait dégénérer en alliance au moins avec l'Allemagne, tout cela nous permet de parler haut à l'Angleterre et de ne pas nous laisser faire la loi par une puissance jalouse qui vient de montrer que sa puissance n'était pas fondée sur des bases aussi solides qu'on l'a cru depuis longtemps.

Certes, l'amitié complète avec l'Allemagne n'est pas encore facile à réaliser ; le souvenir de 1870 est vivace encore dans tous les esprits de la génération française actuelle ; mais tout cela, c'est du sentiment, et au lieu de tourner continuellement les yeux vers les Vosges, regardons et surveillons plutôt le Nord-Ouest, qui est plus dangereux pour nous qui constituons la première puissance maritime et coloniale après l'Angleterre.

L'Allemagne, par son commerce et par son industrie, devient de jour en jour une rivale plus dangereuse pour l'Angleterre et c'est son intérêt qui la pousse à chercher un appui près de la Russie et de la France; dans un tel rapprochement, chacune des trois puissances y trouverait son intérêt; aussi, quoique les esprits en France soient encore mal préparés à la réalisation d'une telle union, le rôle de la presse vraiment patriote est d'amener peu à peu le peuple français à envisager cette alliance comme la seule qui pourrait être franchement productive.

L'Italie, qui aurait pu être à craindre si une alliance était intervenue entre elle et l'Angleterre, s'est aperçue à temps que cette alliance, conclue contre la France seule, ne servirait qu'à faire de la Méditerranée un lac anglais, ce que ne permettra jamais l'Italie; un traité de commerce a été signé entre l'Italie et la France, qui a été l'objet de la reprise des bonnes relations entre les deux pays, ce dont nous ne pouvons que nous féliciter.

Soyons forts sur mer comme sur terre pour montrer à l'Angleterre que la crainte n'entre pour rien dans les concessions que nous pouvons lui faire et pour obtenir d'elle des compensations qu'elle ne nous accordera pas si elle n'a pas peur de notre puissancce. Soyons unis pour montrer au monde que la France est toujours le pays d'immenses ressources qu'elle a toujours été. Soyons prudents pour ne donner prise qu'à des attaques injustes qui nous mettront dans le bon droit.

TABLE DES MATIÈRES

CHAPITRE PREMIER

Considérations générales sur la Chine.

CHAPITRE II

Relations franco-chinoises jusqu'en 1874.

CHAPITRE III

Relations franco-chinoises de 1874 jusqu'à nos jours.

CHAPITRE IV

Les consuls français en Chine.

CHAPITRE V

CHAPITRE VI

Le commerce franco-chinois.

CHAPITRE VII

Conclusion.

IMPRIMERIE CHAIX, RUE BERGÈRE, 20, PARIS. — 10110-5-00. — (Encre Lorilleux).

www.ingramcontent.com/pod-product-compliance
Ingram Content Group UK Ltd.
Pitfield, Milton Keynes, MK11 3LW, UK
UKHW012045240726
13965UKWH00003B/1052